いのちをつなぐ犬
夢之丞《ゆめのすけ》物語

佐藤真澄

取材協力
特定非営利活動法人ピースウィンズ・ジャパン

静山社

もくじ

プロローグ

季節《きせつ》は晩秋《ばんしゅう》――。

すでに冬《ふゆ》の気配《けはい》が漂《ただよ》い始《はじ》める山《やま》あいの施設《しせつ》の片隅《かたすみ》で、体《からだ》を小刻《こきざ》みに震《ふる》わせる1匹《ぴき》の子犬《こいぬ》がいた。

ガランとした殺風景《さっぷうけい》な空間《くうかん》。屋内《おくない》とはいえ、キンと冷《つめ》たい空気《くうき》が沁《し》み渡《わた》る。けれど、子犬《こいぬ》が震《ふる》えていたのは、寒《さむ》さのせいではない。

その犬《いぬ》は、〝運命《うんめい》のとき〟をじっと待《ま》っていた。

逃《に》げることはできない。誰《だれ》かに助《たす》けを求《もと》めることもできない。

これから待《ま》ち受《う》けている運命《うんめい》を受《う》け入《い》れるしかないと本能《ほんのう》で悟《さと》っていた子《こ》

犬《いぬ》は、恐《おそ》ろしさのあまり、動《うご》くことも、声《こえ》を出《だ》すこともできず、ただただ震《ふる》えるしかなかったのだ。

そこは、広島県動物愛護《ひろしまけんどうぶつあいご》センター。野良犬《のらいぬ》や野良猫《のらねこ》を捕獲《ほかく》したり、飼《か》い主《ぬし》から不要《ふよう》とされた犬《いぬ》・猫《ねこ》を引《ひ》き取《と》る公共《こうきょう》の施設《しせつ》である。

この場所《ばしょ》に収容《しゅうよう》された犬《いぬ》や猫《ねこ》は、性格《せいかく》や年齢《ねんれい》、健康状態《けんこうじょうたい》などによって、譲渡《じょうと》される（新《あたら》しい飼《か》い主《ぬし》を見《み》つける）グループと、殺処分《さつしょぶん》されるグループとに分《わ》けられる。

例《たと》えば犬《いぬ》の場合《ばあい》。誰《だれ》の目《め》にも「かわいい」と映《うつ》る子犬《こいぬ》はもらい手《て》も多《おお》いけれど、成犬《せいけん》はなかなか新《あたら》しい飼《か》い主《ぬし》が見《み》つからない。とくに10歳《さい》を超《こ》えた老《ろう》犬《けん》は、健康状態《けんこうじょうたい》がネックになることもあり、殺処分《さつしょぶん》のグループに入《い》れられることが多《おお》い。

でも、子犬《こいぬ》なら、どんな犬《いぬ》でも譲渡《じょうと》のグループに入《い》れられるかというと、決《けっ》してそうではない。子犬《こいぬ》でも、人間《にんげん》に飼《か》われたことのない犬《いぬ》は、人間《にんげん》に慣《な》れないとみなされ、殺処分《さつしょぶん》にまわされるのだ。

殺処分《さつしょぶん》のグループに入《い》れられた犬《いぬ》や猫《ねこ》は、愛護《あいご》センターに収容《しゅうよう》されてから一定期間《いっていきかん》が過《す》ぎると、二酸化炭素《にさんかたんそ》ガスで窒息死《ちっそくし》させられることになる。

動物《どうぶつ》たちの命《いのち》を奪《うば》い取《と》ってしまうことを、誰《だれ》も望《のぞ》んではいない。

動物愛護《どうぶつあいご》センターの職員《しょくいん》だって、もちろん、収容《しゅうよう》された犬《いぬ》や猫《ねこ》すべてを譲渡《じょうと》のグループに入《い》れたいと思《おも》っている。

けれども、人間《にんげん》に慣《な》れなかったり、噛《か》むなどの危害《きがい》を加《くわ》えたり、病気《びょうき》や介護《かいご》のリスクが高《たか》い犬《いぬ》や猫《ねこ》を、無責任《むせきにん》に新《あたら》しい飼《か》い主《ぬし》に渡《わた》すことはできない。

そうなると、どうしても殺処分《さつしょぶん》という選択肢《せんたくし》を選《えら》ばざるを得《え》ない……。

これが、悲《かな》しい現実《げんじつ》だ。

その子犬《こいぬ》もまた、殺処分《さつしょぶん》のグループに入《い》れられていた。

ひどくおびえてまったく人《ひと》に懐《なつ》かないため、新《あたら》しい飼《か》い主《ぬし》を見《み》つけることは難《むずか》しい、と判断《はんだん》されたのだ。


運《はこ》び込《こ》まれてきたときの檻《おり》に入《い》れられたまま2、3日《にち》が過《す》ぎた頃《ころ》、子犬《こいぬ》は、職員《しょくいん》と一緒《いっしょ》に未知《みち》の人間《にんげん》が近《ちか》づいてくる足音《あしおと》を聞《き》いた。

「この犬《いぬ》は？」

何人《なんにん》かの大人《おとな》が檻《おり》の前《まえ》に立《た》ち止《ど》まって、自分《じぶん》を見下《みお》ろしている。

隠《かく》れる場所《ばしょ》はない。檻《おり》の隅《すみ》にうずくまってカタカタ震《ふる》えていた子犬《こいぬ》は、よりいっそう身《み》を縮《ちぢ》めて自分《じぶん》の気配《けはい》を消《け》そうとした。

「次《つぎ》の殺処分《さつしょぶん》にまわされます」

子犬《こいぬ》は、誰《だれ》かが自分《じぶん》の運命《うんめい》について話《はな》しているのを耳《みみ》にした。

と、そのときだった。突然《とつぜん》、檻《おり》の扉《とびら》が開《あ》いたかと思《おも》うと、誰《だれ》かに両手《りょうて》で抱《だ》き上《あ》げられた。

体《からだ》が固《かた》まった。恐《おそ》ろしすぎて抵抗《ていこう》もできない。

体《からだ》を硬《かた》くしてされるがままになっていると、温《あたた》かい液体《えきたい》が下半身《かはんしん》を濡《ぬ》らすのを感《かん》じた。恐怖《きょうふ》のあまり、自分《じぶん》の意《い》に反《はん》しておしっこが流《なが》れ出《で》て、止《と》められなかったのだ。

いくつかの目《め》が自分《じぶん》の顔《かお》をのぞき込《こ》んでいる。子犬《こいぬ》は、怖《こわ》くて目《め》を合《あ》わせることができなかった。

虚《うつ》ろな目《め》で宙《ちゅう》を見《み》つめていると、誰《だれ》かが言《い》った。

「おい、おまえの名前《なまえ》は今日《きょう》から夢之丞《ゆめのすけ》だぞ」

この瞬間《しゅんかん》から、子犬《こいぬ》の運命《うんめい》は大《おお》きく変《か》わり始《はじ》めることになる――。

夢之丞《ゆめのすけ》と名付《なづ》けられた子犬《こいぬ》は、災害救助犬《さいがいきゅうじょけん》の候補《こうほ》としてもらわれていった。人《ひと》に見捨《みす》てられた1匹《ぴき》の犬《いぬ》。殺処分寸前《さつしょぶんすんぜん》で命《いのち》を救《すく》われたけれど、人間不信《にんげんふしん》に陥《おちい》り、人《ひと》になかなか心《こころ》を開《ひら》けなかった。雑種犬《ざっしゅけん》が救助犬《きゅうじょけん》になれるわけがないなどと囁《ささや》かれたこともあった。

これは、そんな元捨《もとす》て犬《いぬ》が、悲《かな》しい過去《かこ》を乗《の》り越《こ》え、災害救助犬《さいがいきゅうじょけん》として国際舞台《こくさいぶたい》で活躍《かつやく》するようになるまでを、〝あたし〟の目《め》を通《とお》して綴《つづ》った真実《しんじつ》の物語《ものがたり》だ。

1　はみだしっ子《こ》

あたしは猫《ねこ》。神石高原町《じんせきこうげんちょう》というところで、自由気《じゆうき》ままに生《い》きる三毛猫《みけねこ》だ。いや、「生《い》きていた」というのが正《ただ》しい。なぜなら、あたしはとっくに天《てん》に召《め》されているから。

あたしが暮《く》らした町《まち》は、広島県東部《ひろしまけんとうぶ》、中国山地《ちゅうごくさんち》にある、自然豊《しぜんゆた》かな山里《やまざと》だ。春《はる》はうららかな陽射《ひざ》しを浴《あ》びながら桜《さくら》の花《はな》びら舞《ま》い散《ち》る中《なか》で蝶々《ちょうちょう》と戯《たわむ》れ、夏《なつ》は高原《こうげん》の涼《すず》やかな木陰《こかげ》でまどろみ、秋《あき》は赤《あか》や黄色《きいろ》に染《そ》まった落《お》ち葉《ば》の絨毯《じゅうたん》の上《うえ》をたゆたって、そして、冬《ふゆ》は暖《あたた》かいこたつの中《なか》で丸《まる》くなる。

あたしはとても幸《しあわ》せだった。

優《やさ》しいおじいちゃんとおばあちゃんがいる農家《のうか》で、あたしは「ミケ」とか「ミーちゃん」なんて呼《よ》ばれて、それはそれは大事《だいじ》にされていた。

猫《ねこ》として過《す》ごした幸福《こうふく》な日々《ひび》と大好《だいす》きな町《まち》にお別《わか》れするのは少《すこ》し残念《ざんねん》だっ

た。だから、ってことでもないけれど、天国《てんごく》に来《き》てからも、あたしは空《そら》から神石高原町《じんせきこうげんちょう》をときどき眺《なが》めてる。

みんな元気《げんき》かな、なんかおもしろいことないかな、って。

そんなある日《ひ》のことだ。

いつものように空《そら》から下界《げかい》を見下《みお》ろしていると、あたしのすみかだった家《いえ》の近《ちか》くに、4匹《ひき》の子犬《こいぬ》がもらわれてきたのが見《み》えた。

この地《ち》には、村人《むらびと》を苦《くる》しめていた魔物《まもの》を勇敢《ゆうかん》な犬《いぬ》が退治《たいじ》したという話《はなし》が伝《つた》わっている。それにちなんで、今《いま》でも「犬塚大明神《いぬづかだいみょうじん》」という神様《かみさま》が祀《まつ》られているし、「犬塚《いぬづか》」、「犬《いぬ》の馬場《ばば》」なんて地名《ちめい》も残《のこ》っている。

猫《ねこ》のあたしにしてみれば、ちょっと歯《は》がゆくて、ちっ、と舌打《したう》ちしたくもなるのだけれど、神石高原町《じんせきこうげんちょう》は、どうも「犬《いぬ》」にゆかりのあるところらしい。

だからといって、犬《いぬ》だけが大切《たいせつ》にされていて、猫《ねこ》が虐《しいた》げられているとか、決《けっ》してそんなわけじゃない。でも、それでも、犬《いぬ》にゆかりのある地《ち》に、縁《えん》あってもらわれてきた子犬《こいぬ》たちのことが、あたしはなんだか羨《うらや》ましかった。

ふわふわもこもこで、ぬいぐるみのような彼《かれ》らは、尻尾《しっぽ》をぶんぶん振《ふ》り回《まわ》して、元気《げんき》にクンクン鳴《な》いていた。

もし、あたしがその場《ば》に舞《ま》い降《お》りていったら、きっと彼《かれ》らは、「遊《あそ》ぼうよぉ」って、じゃれついてきたに違《ちが》いない。

ずっと以前《いぜん》、実際《じっさい》にそんなことがあった。まだ、あたしが下界《げかい》にいる頃《ころ》だ。人《ひと》んちの庭《にわ》にこっそりお邪魔《じゃま》して蝶々《ちょうちょう》を追《お》いかけていたら、いきなり２匹《ひき》の子犬《こいぬ》があたし目《め》がけて走《はし》ってきた。

なんだ、なんだ!?

あたしが逃《に》げる間《ま》もなく、やつらはこっちに突進《とっしん》してくるではないか。

ケンカ売《う》る気《き》？

負《ま》けてなるものかと、あたしはやつらをフーッって威嚇《いかく》したけど、ちっとも効《き》き目《め》がなかったようで、今度《こんど》はあたしに馬乗《うまの》りになろうとする。こっちは必死《ひっし》。猫《ねこ》パンチで応戦《おうせん》しながら、なんとか逃《に》げたけど、やつらったら、楽《たの》しそうにキュンキュン鳴《な》きながら、なおもあたしを追《お》いかけてきた。

その姿《すがた》を見《み》て、あたしはやっと気《き》づいた。なんだ、ケンカ売《う》ってたんじゃなくて、ただあたしと遊《あそ》びたかっただけなんだ、ってね。

まったく子犬《こいぬ》ってやつは。ほんとにうざったいったらありゃしない。

でも、猫《ねこ》にとってはちょっと面倒《めんどう》でも、やつらの無邪気《むじゃき》な姿《すがた》が人間《にんげん》の心《こころ》をグッとわしづかみにすることも、あたしは知《し》っている。

邪気《じゃき》のないまんまるの目《め》でじゃれつかれたら、人間《にんげん》なら、絶対《ぜったい》、やつらのことをギュッて抱《だ》きしめたくなる、ってね。

あたしが空《そら》から見《み》た子犬《こいぬ》も、まさにそんな感《かん》じだった。

ただし、1匹《ぴき》を除《のぞ》いては。

その1匹《ぴき》は、明《あき》らかにほかの3匹《びき》とは異《こと》なっていた。

茶色《ちゃいろ》の毛《け》をしたその子犬《こいぬ》は、パッと見《み》て、足《あし》の骨《ほね》の形《かたち》がわかるほどガリガリにやせていた。ほかの3匹《びき》と違《ちが》っていたのは、それだけじゃない。

みんなは、コロコロした体全体《からだぜんたい》を使《つか》ってはしゃぎ回《まわ》っているというのに、その子犬《こいぬ》だけは、じっとして微動《びどう》だにしない。「固《かた》まっている」という表現《ひょうげん》がぴったりだったけど、よくよく見《み》ると、その体《からだ》は小刻《こきざ》みにブルブル震《ふる》え、

つぶらな瞳《ひとみ》には恐怖《きょうふ》が宿《やど》っていた。

あたしは、子犬《こいぬ》っていうのは、無邪気《むじゃき》で人懐《ひとなつ》っこくて、元気《げんき》で、怖《こわ》いもの知《し》らずで、せわしなく動《うご》き回《まわ》って、落《お》ち着《つ》きがないものだと思《おも》っていた。

でも、その子《こ》は、まったく違《ちが》っていたのだ。

どうしてそんなにおびえているの？

なにを怖《こわ》がっているの？

あたしは、この子《こ》から目《め》が離《はな》せなくなった。

その子犬《こいぬ》は、ほかの３匹《びき》と一緒《いっしょ》に広島県動物愛護《ひろしまけんどうぶつあいご》センターからもらわれてきた。

譲《ゆず》り受《う》けたのは、神石高原町《じんせきこうげんちょう》に一部《いちぶ》の事業所《じぎょうしょ》を置《お》く（現在《げんざい》は神石高原町《じんせきこうげんちょう》が本部《ほんぶ》）ピースウィンズ・ジャパンという認定《にんてい》ＮＰＯ《エヌピーオー》法人《ほうじん》。世界各地《せかいかくち》で人道支《じんどうし》援活動《えんかつどう》を行《おこな》っている団体《だんたい》だ。

その代表《だいひょう》で統括責任者《とうかつせきにんしゃ》の大西健丞《おおにしけんすけ》さんは、災害救助犬《さいがいきゅうじょけん》の育成《いくせい》を考《かんが》えていた。地震《じしん》などのとき、犬《いぬ》と一緒《いっしょ》にいち早《はや》く駆《か》けつければ、土砂《どしゃ》などに生《い》き埋《う》めになった人々《ひとびと》の命《いのち》をひとつでも多《おお》く救《すく》えるんじゃないかと思《おも》ったからだ。

そして、２０１０年《ねん》11月《がつ》24日《か》、災害救助犬《さいがいきゅうじょけん》の候補生《こうほせい》を譲《ゆず》り受《う》けるため、一緒《いっしょ》に活動《かつどう》している妻《つま》の純子《じゅんこ》さんやスタッフたちとともに動物愛護《どうぶつあいご》センターを訪《おとず》れた。

ここでは、譲渡対象《じょうとたいしょう》の犬《いぬ》・猫《ねこ》と殺処分対象《さつしょぶんたいしょう》のそれらは、別々《べつべつ》の場所《ばしょ》に収容《しゅうよう》されているのだけれど、大西《おおにし》さんらが最初《さいしょ》に案内《あんない》されたのは、譲渡対象《じょうとたいしょう》の犬《いぬ》たちが収容《しゅうよう》されている場所《ばしょ》だった。そのとき、そこにいたのは子犬《こいぬ》が３匹《びき》。

大西《おおにし》さんは、その子《こ》たち全部《ぜんぶ》を譲《ゆず》り受《う》けることを即決《そっけつ》した。

次《つぎ》に向《む》かったのは、殺処分対象《さつしょぶんたいしょう》の犬《いぬ》や猫《ねこ》が収容《しゅうよう》されている建物《たてもの》だった。

そこで大西《おおにし》さんが目《め》にしたのは、ガランとした空間《くうかん》にぽつねんと置《お》かれた小《ちい》さな檻《おり》の中《なか》で震《ふる》えている1匹《ぴき》の子犬《こいぬ》。殺処分《さつしょぶん》が終《お》わったばかりで、犬《いぬ》の収容数《しゅうようすう》が少《すく》ない時期《じき》だったこともあり、その犬《いぬ》は、たった1匹《ぴき》で次《つぎ》の殺処分《さつしょぶん》の日《ひ》を待《ま》っていた。

「この子犬《こいぬ》、譲《ゆず》っていただけますか」

大西《おおにし》さんは、迷《まよ》わず言《い》った。

人《ひと》から見放《みはな》された命《いのち》の可能性《かのうせい》に賭《か》けてみたいと思《おも》ったのだ。

「おい、おまえの名前《なまえ》は今日《きょう》から夢之丞《ゆめのすけ》だぞ」

その場《ば》で思《おも》いついた子犬《こいぬ》の名前《なまえ》が、大西《おおにし》さんの口《くち》をついて出《で》た。

子犬《こいぬ》のすぐそばには、処分機《しょぶんき》があった。畳《たたみ》2畳分《じょうぶん》ほどのステンレスの箱《はこ》でできたそれは、皮肉《ひにく》なことに「ドリームボックス」と呼《よ》ばれている。「夢之丞《ゆめのすけ》」の「夢《ゆめ》」には、ドリームボックスから生還《せいかん》したという意味《いみ》が込《こ》められ、そして、「人《ひと》に捨《す》てられた命《いのち》が災害救助犬《さいがいきゅうじょけん》となって人《ひと》の命《いのち》を救《すく》う」という〝夢《ゆめ》〟がたくされている。

動物愛護《どうぶつあいご》センターから〝救出《きゅうしゅつ》〟された夢之丞《ゆめのすけ》ら子犬《こいぬ》たちは、車《くるま》で2時間《じかん》かけて、神石高原町《じんせきこうげんちょう》にある一軒《いっけん》の民家《みんか》に運《はこ》ばれた。

そこは、大西《おおにし》さんのもとで働《はたら》くドッグ・トレーナーの青年二人《せいねんふたり》——佐野浩《さのひろ》之《ゆき》さんと藤崎啓《ふじさきけい》さん——が共同《きょうどう》で暮《く》らしている家《いえ》。

この日《ひ》から、子犬《こいぬ》たちは二人《ふたり》と生活《せいかつ》をともにし、災害救助犬《さいがいきゅうじょけん》になる訓練《くんれん》を受《う》けることになったのである。

家《いえ》に到着《とうちゃく》して車《くるま》から降《お》ろされた4匹《ひき》の子犬《こいぬ》たち。3匹《びき》は、嬉《うれ》しそうに尻尾《しっぽ》を振《ふ》って愛嬌《あいきょう》を振《ふ》りまいていたけれど、夢之丞《ゆめのすけ》は相変《あいか》わらずブルブル震《ふる》えて固《かた》まっていた。

そう、夢之丞《ゆめのすけ》こそが、あたしが空《そら》から見《み》た、おびえている子犬《こいぬ》だったのだ。

4匹《ひき》は、家《いえ》のひと部屋《へや》を居住《きょじゅう》スペースとして与《あた》えられることになり、それぞれ1匹《ぴき》ずつケージに入《い》れられた。

夢之丞《ゆめのすけ》以外《いがい》の3匹《びき》は、ケージの中《なか》でもソワソワと動《うご》き回《まわ》って子犬特有《こいぬとくゆう》のあどけなさを見《み》せていた。ご飯《はん》を与《あた》えられると、「待《ま》ってました!」とばかりにガッついてあっという間《ま》に平《たい》らげた。

けれど、夢之丞《ゆめのすけ》はそうじゃなかった。ご飯《はん》には見向《みむ》きもせず、ケージの中《なか》で体《からだ》を硬《かた》くし、やっぱりガタガタと震《ふる》えていた。

夢之丞《ゆめのすけ》は、悲《かな》しいくらい不安《ふあん》と恐怖《きょうふ》をたたえた目《め》をしていた。少《すく》なくとも、あたしにはそう見《み》えた。

夢之丞《ゆめのすけ》のおびえ方《かた》は尋常《じんじょう》じゃなかった。

いったい何《なに》がそうさせているのだろう……。

夢之丞《ゆめのすけ》の生《お》い立《た》ちは誰《だれ》にもわからない。

多分《たぶん》、だけど、山《やま》で生《う》まれ、お母《かあ》さんや兄弟《きょうだい》たちと暮《く》らしていた彼《かれ》は、ときどき食《た》べものを探《さが》しに人里《ひとざと》に下《お》りていたんじゃないかと思《おも》う。それで「野《や》犬《けん》がいる」ってことで捕獲器《ほかくき》が仕掛《しか》けられ、運悪《うんわる》く、夢之丞《ゆめのすけ》だけがそれに入《はい》ってしまったのかな、って。そして、動物愛護《どうぶつあいご》センターに収容《しゅうよう》された。そこでは、もしかすると、仲間《なかま》たちが処分機《しょぶんき》に入《い》れられて、もがき苦《くる》しむ声《こえ》を聞《き》いてしまったのかもしれない……。

これはあくまであたしの想像《そうぞう》にすぎない。本当《ほんとう》のところは誰《だれ》も知《し》らない。ただ、確《たし》かなのは、夢之丞《ゆめのすけ》は、どこかで捕獲《ほかく》され、運搬用《うんぱんよう》の小《ちい》さな檻《おり》に入《い》れられてトラックで愛護《あいご》センターに収容《しゅうよう》され、殺処分寸前《さつしょぶんすんぜん》のところを救《すく》われて、この神石高原町《じんせきこうげんちょう》にやって来《き》たということだ。

「俺《おれ》たちがいないほうがいいんじゃないか？」

おびえてご飯《はん》を食《た》べようとしない夢之丞《ゆめのすけ》を見《み》たトレーナーの二人《ふたり》は、部屋《へや》を出《で》ていった。

かなりの時間《じかん》が過《す》ぎ、夢之丞《ゆめのすけ》は、ついにご飯《はん》を口《くち》にした。少《すこ》しだけ安心《あんしん》したこともあるけど、それより何《なに》より、空腹《くうふく》に勝《か》てなかったのだ。

フードボウルが空《から》になっているのに気《き》づいたトレーナーの佐野《さの》さんが、ポケットからビーフジャーキーを取《と》り出《だ》した。

「夢《ゆめ》、こっちはもっとおいしいぞ」

こう言《い》いながら佐野《さの》さんは、ケージの隙間《すきま》からジャーキーを夢之丞《ゆめのすけ》に差《さ》し出《だ》した。普通《ふつう》の犬《いぬ》は、ドッグフードよりもジャーキーやソーセージなどのおやつのほうが食《く》いつきがいい。夢之丞《ゆめのすけ》も喜《よろこ》んで食《た》べると期待《きたい》してのことだったのだけれど……。

佐野《さの》さんの期待《きたい》は見事《みごと》に裏切《うらぎ》られる。

夢之丞《ゆめのすけ》はジャーキーには見向《みむ》きもせず、ケージの奥《おく》のほうに体《からだ》をぴったりつけて身《み》を縮《ちぢ》めた。

「どうか僕《ぼく》にかまわないでください。どうか僕《ぼく》を見《み》ないで！」

その目《め》は、こう訴《うった》えているように見《み》えた。

季《き》節《せつ》が秋《あき》から冬《ふゆ》に変《か》わろうとしていたある日《ひ》、あたしは、夢《ゆめ》之《の》丞《すけ》と出会《であ》った（と言《い》っても、あたしが勝《かっ》手《て》に空《そら》から見《み》ているだけで、彼《かれ》はあたしのことを知《し》らないけれど）。

このときから、あたしは彼《かれ》のことを密《ひそ》かに「夢《ゆめ》さん」と呼《よ》び、今《きょ》日《う》までずっと見《み》守《まも》り続《つづ》けてきたのである。

2　ビビリ

夢《ゆめ》さん以外《いがい》の3匹《びき》の子犬《こいぬ》は、リーベ、カズ、杏《あんず》と名付《なづ》けられた。

4匹《ひき》の世話《せわ》をするのは、トレーナーの佐野《さの》さんと藤崎《ふじさき》さん。それぞれが2匹《ひき》ずつ担当《たんとう》することになり、夢《ゆめ》さんとリーベは佐野《さの》さん、カズと杏《あんず》は藤崎《ふじさき》さんと決《き》まった。

「夢之丞《ゆめのすけ》はおまえな」

大西《おおにし》さんから言《い》われ、動物専門学校《どうぶつせんもんがっこう》を出《で》たばかりだった佐野《さの》さんはちょっと戸惑《とまど》った。でも、「大切《たいせつ》な犬《いぬ》をまかせてもらえた」と、やりがいを覚《おぼ》えたのも事実《じじつ》。「夢之丞《ゆめのすけ》にチャンスが与《あた》えられたように、自分《じぶん》にも大《おお》きなチャンスを与《あた》えてもらえた」と思《おも》い、佐野《さの》さんは大西《おおにし》さんの言葉《ことば》に従《したが》った。

新米《しんまい》トレーナーとともに、夢《ゆめ》さんの新《あたら》しい生活《せいかつ》がスタートした。

と言《い》ったって、そのときの夢《ゆめ》さんに新《あら》たな決意《けつい》などあろうはずもない。

「とにかく、怖《こわ》い！」の気持《きも》ちしかなかったんじゃないかって、あたしは思《おも》う。

相《あい》も変《か》わらず、夢《ゆめ》さんはケージの中《なか》で固《かた》まっていた。

佐野《さの》さんたちがケージの扉《とびら》を開《あ》けると、リーベ、カズ、杏《あんず》の３匹《びき》は、尻尾《しっぽ》を振《ふ》りながら転《ころ》がるように出《で》てきてじゃれ合《あ》った。おもちゃをもらうと、夢《む》中《ちゅう》になって遊《あそ》んだ。でも、夢《ゆめ》さんはおもちゃに興味《きょうみ》を示《しめ》すどころか、ケージから出《で》ていこうとさえしない。

やれやれ……。

あたしはやきもきしながら見守《みまも》った。

そして、１週間《しゅうかん》くらい経《た》った頃《ころ》だっただろうか。夢《ゆめ》さんの態度《たいど》にちょっとだけ変化《へんか》が見《み》られるようになってきた。固《かた》まることがなくなり、ケージの中《なか》でなら、なんとか普通《ふつう》に過《す》ごせるようになってきたのだ。

とはいえ、ケージから外《そと》には出《で》ようとはしないし、食《た》べものも、人《ひと》がいるところでは絶対《ぜったい》に口《くち》にしない。

そんなふうで、大丈夫《だいじょうぶ》なの⁉

この先《さき》、やっていけるの⁉

あたしは心配《しんぱい》になった。

ほかの3匹《びき》が楽《たの》しそうに遊《あそ》んでいるのを、ひとり取《と》り残《のこ》されたように見《み》ている夢《ゆめ》さん。あたしは、夢《ゆめ》さんがかわいそうでもあった。

でも、そこはやっぱり犬同士《いぬどうし》なのだろうか。あるとき、人《ひと》が部屋《へや》にいない隙《すき》に、ほかの子《こ》たちから誘《さそ》われて、夢《ゆめ》さんはついにケージから出《で》た‼

ついに、一歩《いっぽ》を踏《ふ》み出《だ》したね。

あたしは嬉《うれ》しくて小躍《こおど》りしたけど、それもつかの間《ま》。佐野《さの》さんが部屋《へや》に入《はい》ってくると、すぐに尻尾《しっぽ》を下《さ》げてケージの中《なか》に戻《もど》ってしまった……。

夢《ゆめ》さんの、おっかなびっくりの態度《たいど》は、見《み》ていても気《き》の毒《どく》なほどだった。

夢《ゆめ》さんだって、本当《ほんとう》はほかの子犬《こいぬ》たちと一緒《いっしょ》に遊《あそ》びたかったに違《ちが》いない。でも、そこにいる佐野《さの》さんや藤崎《ふじさき》さん、つまり、〝人《ひと》〟が怖《こわ》くて、ケージの外《そと》に出《で》ていけなかったのだ。

夢《ゆめ》さんは、人《ひと》が苦手《にがて》だった。

大西健丞《おおにしけんすけ》さんの奥《おく》さん、純子《じゅんこ》さんが話《はな》しているのを聞《き》いたんだけど、人間《にんげん》の場合《ばあい》は、「三《み》つ子《ご》の魂百《たましいひゃく》まで」で、3歳《さい》くらいまでに形成《けいせい》された性格《せいかく》はずっと変《か》わらないって言《い》われている。それと同《おな》じように、犬《いぬ》の場合《ばあい》は生《う》まれてから3か月《げつ》が勝負《しょうぶ》。この期間《きかん》にどう過《す》ごすかによってその後《ご》が違《ちが》ってくるそうだ。

生後《せいご》3週間《しゅうかん》までは、お母《かあ》さん犬《いぬ》や兄弟犬《きょうだいけん》と過《す》ごすことで犬同士《いぬどうし》の関係《かんけい》を学《まな》ぶ。夢《ゆめ》さんの場合《ばあい》、ここはクリアしているだろうから、犬《いぬ》と接《せっ》することはなんでもない。

3週間《しゅうかん》を過《す》ぎて生後《せいご》3か月《げつ》くらいまでは、人間《にんげん》との関係《かんけい》を知《し》るとき。この時期《じき》に、人《ひと》と適切《てきせつ》に接《せっ》することで、人間《にんげん》は怖《こわ》くないんだよ、人間《にんげん》とはこうやって遊《あそ》ぶんだよ、ってことを学《まな》ぶんだって。

でも、野良犬《のらいぬ》として生《う》まれ（多分《たぶん》）、生後《せいご》3か月《げつ》ほどでもらわれてきた夢《ゆめ》さんは、それまで人間《にんげん》と接点《せってん》がなかっただろうから、この部分《ぶぶん》をまったく学《まな》んでいない。だから、夢《ゆめ》さんにとって人《ひと》は信用《しんよう》できないし、怖《こわ》い存在《そんざい》だったた

のだ。

それでも、ひとつ屋根《やね》の下《した》で暮《く》らし、毎日《まいにち》ご飯《はん》をくれる佐野《さの》さんや藤崎《ふじさき》さんに対《たい》しては、だんだん心《こころ》を許《ゆる》すようになっていった夢《ゆめ》さん。二人《ふたり》が部屋《へや》にいても、気《き》にすることなくご飯《はん》が食《た》べられるようになり、ほかの3匹《びき》ともケージから出《で》て遊《あそ》ぶことができるようになった。めでたし、めでたし。これにて一件落着《いっけんらくちゃく》……とはいかない。やっと、ほかの3匹《びき》に遅《おく》れて、スタートラインに立《た》てただけなのだ。

夢《ゆめ》さんには、まだまだ越《こ》えなければならないハードルがたくさんあった。家《いえ》の中《なか》では普通《ふつう》に過《す》ごせるようになったため、次《つぎ》のステップとして、外《そと》の世界《せかい》を知《し》るべく、散歩《さんぽ》に連《つ》れ出《だ》される。でも、初《はじ》めて外《そと》に出《で》た夢《ゆめ》さんは、一《いっ》歩《ぽ》たりとも前《まえ》に進《すす》もうとしない。

犬《いぬ》は散歩《さんぽ》が好《す》きな生《い》きものだと信《しん》じて疑《うたが》っていなかったあたしは、びっくりしたけど、佐野《さの》さんは違《ちが》った。

夢《ゆめ》さんの担当《たんとう》になってから、2週間《しゅうかん》が過《す》ぎようとしていた。その頃《ころ》には、佐野《さの》さんも夢《ゆめ》さんの性質《せいしつ》をかなり理解《りかい》していたから、路上《ろじょう》で固《かた》まる夢《ゆめ》さんを見《み》て、困《こま》った顔《かお》で苦笑《にがわら》いはしたけど、驚《おどろ》きはしなかったし、絶対《ぜったい》に無理《むり》じいもしなかった。

無理《むり》じいすると、夢《ゆめ》さんがやっと開《ひら》きかけた心《こころ》を再《ふたた》び閉《と》じてしまうと思《おも》ったし、下手《へた》すると、山《やま》の中《なか》に逃《に》げ込《こ》んでしまうかもしれない、と半分冗談《はんぶんじょうだん》で、半分本気《はんぶんほんき》で恐《おそ》れたのだった。

神石高原町《じんせきこうげんちょう》は山《やま》に囲《かこ》まれた里《さと》。その気《き》になれば、山《やま》に逃走《とうそう》することは、十《じゅう》分《ぶん》に可能《かのう》だ。

佐野《さの》さんは、歩《ある》こうとしない夢《ゆめ》さんを毎日《まいにち》、毎日《まいにち》、散歩《さんぽ》に連《つ》れ出《だ》した。そして、自分《じぶん》が主導権《しゅどうけん》を握《にぎ》るのではなく、「好《す》きなところに行《い》っていいんだよ」って、夢《ゆめ》さんを自由《じゆう》にさせてあげていた。

すると夢《ゆめ》さんは、すぐに家《いえ》に戻《もど》ろうとする。その頃《ころ》の夢《ゆめ》さんは、家《いえ》は安全《あんぜん》な場所《ばしょ》だということを悟《さと》っていた。でも、外《そと》の世界《せかい》は知《し》らないから怖《こわ》い。だから、一刻《いっこく》も早《はや》く安全《あんぜん》な場所《ばしょ》に帰《かえ》りたかったのだ。

忍耐強《にんたいづよ》く、そんな夢《ゆめ》さんと向《む》き合《あ》い続《つづ》けた佐野《さの》さんに、そのうち希望《きぼう》の光《ひかり》が見《み》えてくる。外《そと》を歩《ある》けなかった夢《ゆめ》さんが、佐野《さの》さんと一緒《いっしょ》なら、やっと、家《いえ》の近《ちか》くを普通《ふつう》に散歩《さんぽ》できるようになったのである。

佐野《さの》さんは、歩《ある》く距離《きょり》を伸《の》ばし、夢《ゆめ》さんをさまざまな場所《ばしょ》に連《つ》れていった。

でも、家《いえ》の近《ちか》くと様子《ようす》が変《か》わると、夢《ゆめ》さんの歩《あゆ》みがのろくなる。少《すこ》しでも段差《だんさ》のある道《みち》に差《さ》しかかると、立《た》ち止《ど》まって前《まえ》に進《すす》もうとはしない。階段《かいだん》があると、ひどくおびえて固《かた》まってしまう。大《おお》きな音《おと》がするとビクッとして尻《しっ》尾《ぽ》を巻《ま》くし、車《くるま》が通《とお》ると凍《こお》りついたようになる……。

こんな夢《ゆめ》さんのことを、まわりの人《ひと》たちは「ビビリ」と呼《よ》んだ。

決《けっ》して悪口《わるぐち》じゃない。

「夢《ゆめ》は本当《ほんとう》にビビリなんだから」

その響《ひび》きには、愛《あい》があった。

臆病《おくびょう》でビビリだけど、夢《ゆめ》さんは、まわりのみんなから愛《あい》されていた。

早《はや》くそのことに気《き》づいて、夢《ゆめ》さん。

あたしは、心《こころ》の底《そこ》から願《ねが》っていた。

夢《ゆめ》さんは、ビビリがゆえにおとなしかった。

人《ひと》を遠《とお》ざけようとしたけれども、だからといって、「あっちに行《い》け！」って吠《ほ》えたりはしなかった。

それに、あたしたち猫《ねこ》もそうだけど、人《ひと》に抱《だ》かれるのが嫌《いや》なときは、まず逃《に》げる。運悪《うんわる》く抱《だ》かれてしまっても、手足《てあし》を突《つ》っ張《ぱ》って暴《あば》れて、それでも逃《に》げられないとなると、人《ひと》をひっかいたりもする。でも、夢《ゆめ》さんは、逃《に》げもしないし、抱《だ》かれても抵抗《ていこう》せず、ただ放心状態《ほうしんじょうたい》でされるがままになっていた。

攻撃性《こうげきせい》がないだけマシ、という考《かんが》え方《かた》もあるかもしれない。実際《じっさい》、佐野《さの》さんと藤崎《ふじさき》さんは、臆病《おくびょう》な夢《ゆめ》さんを見《み》て、そんなふうに話《はな》したこともある。

確《たし》かにそうとも言《い》える。あたしなんかも、キャンキャン、ワンワン吠《ほ》えてうるさくて、ちょこちょこ動《うご》き回《まわ》ってせわしない犬《いぬ》よりも、夢《ゆめ》さんみたいにおとなしいほうがいいいんじゃないかと思《おも》ったりもした。それなのに、動物愛《どうぶつあい》護《ご》センターでは、どうして殺処分対象《さつしょぶんたいしょう》になってしまったのかな、って。

でも、これにはちゃんと理由《りゆう》があった。

いくらおとなしくても、臆病《おくびょう》な犬《いぬ》はなかなか人《ひと》に懐《なつ》かない。懐《なつ》かない犬《いぬ》を家庭《かてい》に迎《むか》え入《い》れようと思《おも》う人《ひと》はそうそういない。つまり、もらい手《て》がない、ってことだ。たとえもらわれたとしても、そんな犬《いぬ》の場合《ばあい》、外《そと》の世界《せかい》を恐《おそ》れて散歩《さんぽ》ができなかったり、怖《こわ》がりなゆえに、大人《おとな》になってから、人《ひと》が自分《じぶん》のテリトリーに入《はい》ってくると、パニックになって人《ひと》を攻撃《こうげき》することがある、と獣《じゅう》医《い》さんが言《い》っていた。

どっちにしても、臆病《おくびょう》な犬《いぬ》は「飼《か》いにくい犬《いぬ》」とレッテルを貼《は》られ、再《ふたた》び人間《にんげん》から見放《みはな》されてしまうことがあるというのだ。

もちろん、そういう犬《いぬ》にだって、生《い》きる権利《けんり》はある。臆病《おくびょう》だからと言《い》って殺処分《さつしょぶん》されていいわけがない。そんなのは人間《にんげん》のエゴだ、とあたしは思《おも》う。

ラッキーなことに、夢《ゆめ》さんの場合《ばあい》は殺処分寸前《さつしょぶんすんぜん》のところで救《すく》われた。でも、このままビビリな状態《じょうたい》がずっと続《つづ》いてしまうと、いったいどうなっちゃうんだろうって、あたしはハラハラした。

一緒《いっしょ》にもらわれてきたほかの3匹《びき》の子犬《こいぬ》たちは、毎日《まいにち》、新《あたら》しいことを覚《おぼ》えて目覚《めざ》ましい成長《せいちょう》をとげている。それに引《ひ》き換《か》え、夢《ゆめ》さんは……。

こんなんで、本当《ほんとう》に災害救助犬《さいがいきゅうじょけん》になれるのだろうか。

災害現場《さいがいげんば》では、土砂《どしゃ》やがれきの上《うえ》を歩《ある》き回《まわ》らなきゃいけない。いちいちひるんでる場合《ばあい》じゃない。

あたしは、ビビリな夢《ゆめ》さんにそれができるのかどうか、正直《しょうじき》、疑問《ぎもん》だった。

もちろん、災害救助犬《さいがいきゅうじょけん》にならなくたって、普通《ふつう》の家庭犬《かていけん》として生《い》きる道《みち》もある。でも、夢《ゆめ》さんを見《み》ていると、それさえ危《あや》ういんじゃないのかな、って。

それはさておき、あんなにビビリなまま生《い》きていくなんて、夢《ゆめ》さんがかわいそすぎる。


あたしが心配《しんぱい》するまでもなく、佐野《さの》さんはじめ、まわりの人《ひと》たちはみんな、夢《ゆめ》さんの将来《しょうらい》を憂《うれ》い、なんとかしなきゃって考《かんが》えていた。

臆病《おくびょう》だからそうなってしまったのか、みんなは夢《ゆめ》さんのことを「犬《いぬ》らしくない犬《いぬ》」と感《かん》じていた。

犬《いぬ》というのは、吠《ほ》えたり、走《はし》ったり、食《た》べものに目《め》がなかったり、獲物《えもの》を追《お》いかけたりするものだけど、夢《ゆめ》さんには、それらが全部《ぜんぶ》なかった。吠《ほ》えないし、ダーッと走《はし》り回《まわ》るようなこともない。食《た》べものにもあまり興《きょう》味《み》がなくて食《しょく》も細《ほそ》く、何《なに》かをさせるために食《た》べもので釣《つ》る、なんてことも容《よう》易《い》じゃなかった。犬《いぬ》がボールなんかのおもちゃで遊《あそ》びたがるのは、獲物《えもの》を追《お》いかける習性《しゅうせい》からくるものだけど（あ、猫《ねこ》もそうね）、夢《ゆめ》さんは、おもちゃにもぜんぜん興味《きょうみ》を示《しめ》さなかった。

災害救助犬《さいがいきゅうじょけん》になれるかどうかはさておいて、「犬《いぬ》らしさを取《と》り戻《もど》してほしい」と、周囲《しゅうい》の人《ひと》たちは願《ねが》いながら、日々《ひび》、夢《ゆめ》さんと接《せっ》していた。

犬《いぬ》らしくなってもらうには、夢《ゆめ》さんのビビリを少《すこ》しでもやわらげる必要《ひつよう》がある。そのためには、夢《ゆめ》さんにいろいろな体験《たいけん》をさせないと、って、トレーナーの佐野《さの》さんは考《かんが》えた。

なにせ夢《ゆめ》さんには体験《たいけん》がない。

山《やま》の中《なか》で生《う》まれ育《そだ》ったであろう夢《ゆめ》さんは、人間《にんげん》のことはわからないし、大勢《おおぜい》の人《ひと》が行《ゆ》き交《か》うのにも、車《くるま》や自転車《じてんしゃ》が走《はし》っているところにも、遭遇《そうぐう》したことがない。車《くるま》のクラクションなんかの大《おお》きな音《おと》も聞《き》いたことがないし、アスファルトの道路《どうろ》を見《み》たこともなければ、歩《ある》いたこともない。

そのときの夢《ゆめ》さんにとっては、目《め》にするもの、耳《みみ》にするものすべてが恐怖《きょうふ》だったのだ。なにされるか、いったいどうなっちゃうのかわからないから。

猫《ねこ》だってそうだけど（これは、人間《にんげん》だって同《おな》じだと思《おも》う）、初《はじ》めて見《み》るものはやっぱり怖《こわ》い。

あたしも、生《う》まれて初《はじ》めて間近《まぢか》で大《おお》きなトラックを見《み》たときは腰《こし》を抜《ぬ》かしそうになったし、最初《さいしょ》に掃除機《そうじき》の音《おと》を耳《みみ》にしたときは、心臓《しんぞう》がのどから飛《と》び出《で》るほど驚《おどろ》いた。縁側《えんがわ》で気持《きも》ちよく日向《ひなた》ぼっこしてたら、いきなりの大音響《だいおんきょう》。脳《のう》みそがシェイクされるんじゃないかと思《おも》ったくらいだ。

でも、トラックも掃除機《そうじき》も、あたしに危害《きがい》を加《くわ》えないってことを最初《さいしょ》の体《たい》験《けん》で学《まな》んだから、次《つぎ》に遭遇《そうぐう》したときは、びっくりしなかった。もちろん、トラックも掃除機《そうじき》も最後《さいご》まで好《す》きにはなれなかった。だけど、だったら逃《に》げればいいんだってこともわかっていた。

ビビリの夢《ゆめ》さんにも、こんな経験《けいけん》が必要《ひつよう》だったのだ。

しかも、一刻《いっこく》も早《はや》く。

大《おお》きくなればなるほど、警戒心《けいかいしん》が強《つよ》くなって、「怖《こわ》い！」が先《さき》に立《た》つ。怖《こわ》いから行《い》かない、やらない、を続《つづ》けていると、ますますなにも経験《けいけん》できなくなって、ずーっとビビリなままで過《す》ごさなくちゃいけなくなってしまうから。

自然《しぜん》に囲《かこ》まれた神石高原町《じんせきこうげんちょう》は住《す》むにはとてもいいところだ。だけど、夢《ゆめ》さんにいろいろな経験《けいけん》をさせるには、足《た》りない部分《ぶぶん》があった。

人《ひと》が苦手《にがて》、ちょっとした物音《ものおと》にもおじけづくような夢《ゆめ》さんのビビリを克服《こくふく》するには、神石高原町《じんせきこうげんちょう》は、人《ひと》や車《くるま》が少《すく》なく、のんびりしすぎている。

だから、佐野《さの》さんは、夢《ゆめ》さんが家《いえ》の近所《きんじょ》なら普通《ふつう》に散歩《さんぽ》ができるようになると、だんだん遠出《とおで》をするようになり、この町《まち》から一番近《いちばんちか》い〝都会《とかい》〟、車《くるま》で小一時間《こいちじかん》ほどの福山《ふくやま》という街《まち》に、夢《ゆめ》さんをよく連《つ》れていった。

ここには新幹線《しんかんせん》のぞみが停《と》まる駅《えき》もあれば、デパートだってある。大勢《おおぜい》の人《ひと》や車《くるま》、自転車《じてんしゃ》も行《ゆ》き来《き》する。夢《ゆめ》さんにいろいろな経験《けいけん》をさせるにはちょうどいい、と佐野《さの》さんは考《かんが》えたのだった。

初《はじ》めて福山《ふくやま》に行《い》ったとき、神石高原町《じんせきこうげんちょう》との違《ちが》いに、夢《ゆめ》さんは、「へっ⁉」ってな感《かん》じで、ハトが豆鉄砲《まめでっぽう》を食《く》らったような顔《かお》をしていた。要《よう》するに、あまりの驚《おどろ》きにきょとんとしていたってこと。

さすがの夢《ゆめ》さんも、その頃《ころ》には、固《かた》まって一歩《いっぽ》も前《まえ》に進《すす》めないってことはなかった。佐野《さの》さんにリードを引《ひ》かれてとりあえず歩《ある》いてはいた。歩《ある》いてはいたんだけど、見《み》るからに不審《ふしん》な動《うご》きだった。

押《お》し寄《よ》せてくる人《ひと》の波《なみ》、自転車《じてんしゃ》、車《くるま》、ビルの前《まえ》に立《た》てかけられた看板《かんばん》……。初《はじ》めて目《め》にするものに遭遇《そうぐう》するたび、ビクッと反応《はんのう》して反対側《はんたいがわ》に逃《に》げる体勢《たいせい》になる夢《ゆめ》さん。福山《ふくやま》の街《まち》では、初遭遇《はつそうぐう》だらけだったから、ビクッ！ の連《れん》続《ぞく》だった。その動《うご》きは、はたから見《み》るとすごくアヤシイ……。

もちろん、佐野《さの》さんは、臆病《おくびょう》で繊細《せんさい》な夢《ゆめ》さんのことをちゃんと考《かんが》えていた。夢《ゆめ》さんのような子《こ》は、一度《いちど》にたくさんの刺激《しげき》を与《あた》えてしまうと、「怖《こわ》い！もう嫌《いや》だ」となってすべてを投《な》げ出《だ》す危険《きけん》がある。

そうなっては大変《たいへん》だから、少《すこ》しずつ、少《すこ》しずつ、夢《ゆめ》さんに刺激《しげき》を与《あた》えるようにしていたのだ。

いきなり人《ひと》や車《くるま》の往来《おうらい》が激《はげ》しい雑踏《ざっとう》に夢《ゆめ》さんを連《つ》れていくのではなく、最《さい》初《しょ》は、神石高原町《じんせきこうげんちょう》より少《すこ》しだけにぎやかな場所《ばしょ》に行《い》く。そして、夢《ゆめ》さんが慣《な》れたら、今度《こんど》はさらにもう少《すこ》し賑《にぎ》やかなところに連《つ》れていく……というようにして、時間《じかん》をかけて最終的《さいしゅうてき》に雑踏《ざっとう》までたどり着《つ》く。

夢《ゆめ》さんに新幹線《しんかんせん》の音《おと》も聞《き》かせたかったけど、やっぱり、いきなり大音量《だいおんりょう》からは始《はじ》めなかった。まず、新幹線《しんかんせん》の音《おと》が遠《とお》くでかすかに聞《き》こえる場所《ばしょ》からスタートし、徐々《じょじょ》に新幹線《しんかんせん》が通《とお》る高架下《こうかした》に近《ちか》づいていったのだ。かすかな音《おと》と言《い》っても、聴覚優《ちょうかくすぐ》れた夢《ゆめ》さんには、ものすごくうるさく感《かん》じただろう。「なに、なんなの⁉」って、最初《さいしょ》は戸惑《とまど》い、おびえていた。佐野《さの》さんは、そんな夢《ゆめ》さんをおやつで釣《つ》りながら、一生懸命《いっしょうけんめい》にリードした。でも、夢《ゆめ》さんは、あたしと違《ちが》って、もともと食《く》い意地《いじ》がはってるほうじゃないから、おやつ作戦《さくせん》が成功《せいこう》しないときもあった。

大《おお》きな音《おと》がしていたり、車《くるま》の往来《おうらい》があまりに激《はげ》しかったりして、「怖《こわ》いっ‼」っていう思《おも》いが強《つよ》すぎるときは、佐野《さの》さんがおやつを差《さ》し出《だ》しても、見向《みむ》きもせず、その場《ば》に立《た》ちすくむ夢《ゆめ》さん。

「無理《むり》無理《むり》無理《むり》、無理《むり》――――っ！　今《いま》、おやつどころじゃないんだってばっ！」

そのときあたしには、夢《ゆめ》さんの心《こころ》の叫《さけ》びが聞《き》こえた。

月日《つきひ》は少《すこ》しずつ流《なが》れていった。季節《きせつ》は本格的《ほんかくてき》な冬《ふゆ》を迎《むか》え、山《やま》あいの里《さと》、神《じん》石高原町《せきこうげんちょう》は厳《きび》しい寒《さむ》さに覆《おお》われるようになっていた。

最初《さいしょ》の頃《ころ》より少《すこ》しはマシになったけど、まだまだ夢《ゆめ》さんはビビリだったし、人《ひと》にも完全《かんぜん》には心《こころ》を開《ひら》くことができないままでいた。

そんなある日《ひ》、神石高原町《じんせきこうげんちょう》に雪《ゆき》が降《ふ》ってうっすらと地面《じめん》を覆《おお》った。

夢《ゆめ》さんは、外《そと》に出《で》てリードを外《はず》してもらった。

うぅ、さぶっ……。

あたしは見《み》ているだけで身震《みぶる》いしそうになった。こんな日《ひ》はこたつで丸《まる》くなるのが一番《いちばん》！　なんて思《おも》いながら、あたしは夢《ゆめ》さんを見《み》ていた。きっと、

尻尾《しっぽ》を巻《ま》いて家《いえ》に入《はい》ろうとするんじゃない？　なんて思《おも》いながら。

ところがどうだろう。なんと夢《ゆめ》さん、ダダダダーッて走《はし》り回《まわ》って大《おお》はしゃぎ。顔《かお》や体《からだ》に雪《ゆき》をいっぱいつけて、楽《たの》しそうに遊《あそ》びだしたのだ。

その姿《すがた》は、紛《まぎ》れもなく〝犬《いぬ》〟だった。もうびっくりだ。

「わー、夢之丞《ゆめのすけ》が走《はし》ってる！」

「この子《こ》でも走《はし》ることがあるんだ……」

みんなも驚《おどろ》きながら、目《め》を細《ほそ》めて夢《ゆめ》さんのことを見《み》つめていた。

夢《ゆめ》さんは動《うご》きを止《と》めて、みんなのほうをちらっと見《み》たけど、すぐにピューッと走《はし》って雪《ゆき》の中《なか》へ突進《とっしん》していった。

夢《ゆめ》さんは、今《いま》でも、雪《ゆき》の中《なか》が大好《だいす》きだ。

3　ライバルあらわる

ポカポカ陽気《ようき》が続《つづ》き、山里《やまざと》の神石高原町《じんせきこうげんちょう》でも春《はる》の訪《おとず》れを感《かん》じられるようになった4月《がつ》。

夢《ゆめ》さんが〝所属《しょぞく》〟する団体《だんたい》、ピースウィンズ・ジャパンの「災害救助犬訓《さいがいきゅうじょけんくん》練《れん》センター」が正式《せいしき》にオープンした。その敷地内《しきちない》には、外《そと》からやって来《く》る一《いっ》般《ぱん》の人《ひと》とその愛犬《あいけん》も使用《しよう》できる広大《こうだい》なドッグランもつくられた。

夢《ゆめ》さんはほかの3匹《びき》の子犬《こいぬ》たちとともに、佐野《さの》さんと藤崎《ふじさき》さんが暮《く》らす家《いえ》で生活《せいかつ》していたけれど、訓練《くんれん》センターができてからは、昼間《ひるま》はここで過《す》ごすことになった。毎日《まいにち》、佐野《さの》さんたちと一緒《いっしょ》に〝通勤《つうきん》〟するのだ。

この頃《ころ》になっても夢《ゆめ》さんの人間不信《にんげんふしん》は相変《あいか》わらずで、見知《みし》らぬ人《ひと》には警戒《けいかい》心《しん》をむき出《だ》しにした。でも、ドッグランがオープンすれば、知《し》らない人《ひと》が少《すく》なからずやって来《く》る。

どうする⁉　夢《ゆめ》さん、ピンチ！

あたしは自分《じぶん》のことのように心配《しんぱい》したというのに、佐野《さの》さんは、チャンス！と思《おも》っていた。

人《ひと》が苦手《にがて》なら、人《ひと》で克服《こくふく》するしかないけれど、それまで神石高原町《じんせきこうげんちょう》には人《ひと》が少《すく》なすぎた。でも、今度《こんど》は人《ひと》がたくさんやって来《く》る。その状況《じょうきょう》を利用《りよう》しない手《て》はない。佐野《さの》さんは、ドッグランにやって来《く》るお客《きゃく》さんに協力《きょうりょく》してもらって、夢《ゆめ》さんが人《ひと》を好《す》きになるように仕向《しむ》けようと考《かんが》えたのだ。

と言《い》ったって、異常《いじょう》なまでにビビリの夢《ゆめ》さんに普通《ふつう》のやり方《かた》は通用《つうよう》しない。ドッグランにやって来《く》るお客《きゃく》さんは、当然《とうぜん》、みんな犬好《いぬず》きだ。夢《ゆめ》さんを見《み》れば、「よしよし」って目尻《めじり》を下《さ》げてなでたくなるに違《ちが》いない。

でも、これじゃあダメなのだ。そのときの夢《ゆめ》さんは、相手《あいて》が犬好《いぬず》きだろうがそうじゃなかろうが、知《し》らない人《ひと》は敵《てき》。そんな存在《そんざい》がつかつか自分《じぶん》に近寄《ちかよ》ってなでてくれても、ちっとも嬉《うれ》しくない。ただただ怖《こわ》いだけなのだ。

そう思《おも》った佐野《さの》さんは、「夢之丞《ゆめのすけ》におやつをあげてください」とお客《きゃく》さんにお願《ねが》いした。ただし、「夢之丞《ゆめのすけ》には絶対《ぜったい》に触《さわ》らないでください」と条件付《じょうけんつ》きで。

前《まえ》にも言《い》ったけど、夢《ゆめ》さんは食《しょく》が細《ほそ》く、食《た》べものへの執着心《しゅうちゃくしん》が薄《うす》い。最初《さいしょ》、佐野《さの》さんは、それで苦労《くろう》していた。

犬用《いぬよう》の食《た》べものは味《あじ》が薄《うす》かったりして、夢《ゆめ》さんのようにもともと食《く》いつきが良《よ》くない子《こ》は、さらに食《く》いつきが悪《わる》くなる。そこで佐野《さの》さんは、人《ひと》が食《た》べる魚肉《ぎょにく》ソーセージを小《ちい》さくちぎって少《すこ》しずつ与《あた》えてみた。夢《ゆめ》さんは喜《よろこ》んで食《た》べた。でも、人間《にんげん》の食《た》べものは、塩分《えんぶん》が強《つよ》すぎるなどして、犬《いぬ》にとってはあまりよろしくない。

とりあえずの対策《たいさく》として魚肉《ぎょにく》ソーセージを用《もち》い、夢《ゆめ》さんがそれで「ごほうびとしてのおやつ」を学習《がくしゅう》したら、今度《こんど》はペットショップで売《う》られている犬《いぬ》用《よう》のおやつを片《かた》っぱしから試《ため》して、好《この》みを探《さぐ》った。結果《けっか》、レバーや鶏《とり》ささみといった肉系《にくけい》のおやつなら、比較的《ひかくてき》食いつきがいいことが判明《はんめい》した。

佐野《さの》さんは、ほっと胸《むね》をなでおろした。

それらのおやつを、ドッグランに来《き》たお客《きゃく》さんに渡《わた》し、夢《ゆめ》さんに与《あた》えてもらう。ただし、佐野《さの》さんは、「絶対《ぜったい》に動《うご》かないでください、絶対《ぜったい》に夢之丞《ゆめのすけ》に触《さわ》らないでください」と念《ねん》を押《お》した。

お客《きゃく》さんは、佐野《さの》さんから言《い》われたとおり、夢《ゆめ》さんの目《め》の前《まえ》でじっとしている。手《て》のひらにはおやつが乗《の》っている。

そのことに気《き》づいた夢《ゆめ》さん。

おやつは食《た》べたい。でも、知《し》らない人《ひと》は怖《こわ》い。

「うーん」としばらく悩《なや》むが、恐《おそ》る恐《おそ》る近《ちか》づいていって、急《いそ》いでおやつを口《くち》にした。犬好《いぬず》きのお客《きゃく》さんは、本当《ほんとう》は、そんな夢《ゆめ》さんを「よしよし」ってなでてあげたいのだけれど、グッと我慢《がまん》して知《し》らんぷりを決《き》め込《こ》む……。

こんなことが毎回《まいかい》、繰《く》り返《かえ》されるうちに、夢《ゆめ》さんは、ちょっとずつ学習《がくしゅう》していった。

なんだ、知《し》らない人《ひと》に近《ちか》づいてもなにも嫌《いや》なことは起《お》こらないぞ。それどころか、人《ひと》に近《ちか》づくとおいしいものにありつけるんじゃないか、って。

こうやって、夢《ゆめ》さんの極端《きょくたん》な人嫌《ひとぎら》いは、少《すこ》しずつ改善《かいぜん》されていった。

先輩《せんぱい》トレーナー藤崎《ふじさき》さんの助言《じょげん》を受《う》けながら、なんとか夢《ゆめ》さんを〝普通《ふつう》の犬《いぬ》〟にしようと悪戦苦闘《あくせんくとう》した新米《しんまい》トレーナー・佐野《さの》さんの勝利《しょうり》だ。

「夢之丞《ゆめのすけ》が知《し》らない人《ひと》の手《て》からおやつを食《た》べてる！」

陰《かげ》になり日向《ひなた》になり、それまでずっと夢《ゆめ》さんを応援《おうえん》してきた純子《じゅんこ》さんは、満面《まんめん》の笑《え》みを浮《う》かべた。

夢《ゆめ》さんが、亀《かめ》のような歩《あゆ》みで、でも着実《ちゃくじつ》に成長《せいちょう》を続《つづ》けている頃《ころ》、一緒《いっしょ》にもらわれてきたほかの3匹《びき》は、家庭犬《かていけん》としてのレベルをとっくにクリアし、それぞれの特性《とくせい》に合《あ》わせて、それぞれの道《みち》を進《すす》むことが決定《けってい》していた。

杏《あんず》はペットとして新《あたら》しい飼《か》い主《ぬし》のもとへ行《い》くことが決《き》まり、カズとリーベは、セラピードッグとして老人介護施設《ろうじんかいごしせつ》を訪問《ほうもん》し、お年寄《としよ》りの心《こころ》を癒《いや》す仕事《しごと》をになうことになったのだ。

この時点《じてん》で、夢《ゆめ》さんの未来《みらい》は未知数《みちすう》だった。

どうにかこうにか、「家庭犬《かていけん》としてなら、なんとかやっていけるかも」というレベルに達《たっ》したばかり。こんな夢《ゆめ》さんが、本当《ほんとう》に災害救助犬《さいがいきゅうじょけん》として活躍《かつやく》できるのだろうか……。実《じつ》は、みんなが疑問《ぎもん》に思《おも》っていた。大丈夫《だいじょうぶ》、絶対《ぜったい》に頑張《がんば》ってくれる。そう思《おも》う反面《はんめん》、「でも……」という不安《ふあん》も拭《ぬぐ》えなかった。

そんなとき、大西《おおにし》さんがひとつの考《かんが》えを口《くち》にした。

「もう1匹《ぴき》、救助犬《きゅうじょけん》の候補生《こうほせい》を受《う》け入《い》れてはどうだろう」

そんな……。

大西《おおにし》さんの言葉《ことば》を聞《き》いたとき、あたしは憤慨《ふんがい》した。夢《ゆめ》さんが見限《みかぎ》られたと思《おも》ってしまったのだ。

しかも、今度《こんど》は、夢《ゆめ》さんのような雑種《ざっしゅ》じゃなくて、それなりの血統《けっとう》がある子《こ》にするというではないか。

災害救助犬《さいがいきゅうじょけん》には、警察犬《けいさつけん》や牧羊犬《ぼくようけん》といった作業犬《さぎょうけん》としての歴史《れきし》がある犬種《けんしゅ》が向《む》いていると言《い》われている。ジャーマン・シェパード、ラブラドール・レトリバー、ゴールデン・レトリバー、ボーダー・コリーなどがそうだ。

でも、災害救助犬《さいがいきゅうじょけん》を育成《いくせい》しようと考《かんが》えたとき、大西《おおにし》さんは、犬種《けんしゅ》にも血統《けっとう》にも少《すこ》しもこだわっていなかった。だからこそ、元捨《もとす》て犬《いぬ》で雑種《ざっしゅ》の夢《ゆめ》さんに夢《ゆめ》をたくしたのだ。それなのに……。

大西《おおにし》さん！　夢《ゆめ》さんに対《たい》してひどい仕打《しう》ちじゃない？

あたしは、心《こころ》の中《なか》で毒《どく》づいた。

けど、あたしの早《はや》とちりだった。大西《おおにし》さんは、決《けっ》して夢《ゆめ》さんをあきらめていたわけじゃない。〝保険《ほけん》〟をかけておきたかっただけなのだ。

災害救助犬《さいがいきゅうじょけん》として一人前《いちにんまえ》になるまでには、2、3年《ねん》かかるそうだ。夢《ゆめ》さんが、これから訓練《くんれん》を本格的《ほんかくてき》に始《はじ》めたとしても、現場《げんば》で活躍《かつやく》できるのは、まだまだ先《さき》のこと。でも、災害《さいがい》はいつやって来《く》るかわからない。災害《さいがい》が起《お》きたとき、一人前《いちにんまえ》になっていない夢《ゆめ》さんを出動《しゅつどう》させるのは、夢《ゆめ》さんにとっても酷《こく》だ。

だから、災害《さいがい》に備《そな》え、救助犬《きゅうじょけん》に向《む》いた子犬《こいぬ》を訓練《くんれん》して、まず優秀《ゆうしゅう》な救助犬《きゅうじょけん》を育《そだ》てておく。そうすれば、夢《ゆめ》さんも、その子《こ》に刺激《しげき》を受《う》けて頑張《がんば》っていけるはず、と、大西《おおにし》さんは考《かんが》えたのだ。

大西《おおにし》さんにしたって、夢《ゆめ》さんには、もちろん期待《きたい》していた。

「人《ひと》に捨《す》てられた命《いのち》が人《ひと》の命《いのち》を救《すく》う」という夢《ゆめ》をたくしていただけに、夢《ゆめ》さんには、なにがなんでも救助犬《きゅうじょけん》になってほしいと強《つよ》く願《ねが》っていた。

だけど、犬《いぬ》にも適性《てきせい》というものがある。この先《さき》、夢《ゆめ》さんにはやっぱり向《む》かない、ってことが明《あき》らかになるかもしれない。そこで無理《むり》じいはできない。その意味《いみ》でも、新《あたら》しい犬《いぬ》を迎《むか》え入《い》れるのは、〝保険《ほけん》〟だったのだ。

夢《ゆめ》さんがやって来《き》てもうじき1年《ねん》になろうとしていた2011年《ねん》10月《がつ》、新《あたら》しい子犬《こいぬ》がやって来《き》た。名前《なまえ》はハルク。作業犬《さぎょうけん》の血統《けっとう》を持《も》つゴールデン・レトリバーのオス犬《いぬ》だ。

連《つ》れてきたのは、警察犬訓練《けいさつけんくんれん》の経験《けいけん》も持《も》つトレーナーの藤崎《ふじさき》さん。大西《おおにし》さんから「責任《せきにん》を持《も》って選《えら》ぶように」とのミッションを受《う》け、自《みずか》ら警察犬訓練《けいさつけんくんれん》センターに足《あし》を運《はこ》び、そこで生《う》まれた子犬《こいぬ》たちの中《なか》から選《えら》んだのだ。

ハルクの決《き》め手《て》は、物怖《ものお》じしない、その性格《せいかく》だった。

子犬《こいぬ》たちがセンターでじゃれ合《あ》って遊《あそ》んでいるとき、藤崎《ふじさき》さんが遠《とお》くにボールを放《はな》つ。ボールは大型犬《おおがたけん》のシェパードの群《む》れの中《なか》に落《お》ちた。でも、ハルクはためらうことなく、ボールめがけて群《む》れに突《つ》っ込《こ》んでいった。

その様子《ようす》を見《み》て、藤崎《ふじさき》さんは、ハルクを譲《ゆず》り受《う》けようと決《き》めたのだ。

訓練《くんれん》は藤崎《ふじさき》さんに任《まか》され、ハルクは、藤崎《ふじさき》さん、佐野《さの》さん、そして夢《ゆめ》さんとともにひとつ屋根《やね》の下《した》で暮《く》らすことになった。

ハルクは、あたしがイメージする子犬《こいぬ》そのものだった。知《し》らない人《ひと》にでも尻尾《しっぽ》を振《ふ》って甘《あま》えるような人懐《ひとなつ》っこさ。人《ひと》が好《す》きで、誰《だれ》かがそばに寄《よ》ると大喜《おおよろこ》びでじゃれついた。

自分《じぶん》とはあまりにかけ離《はな》れた性格《せいかく》のハルクと初《はじ》めて対面《たいめん》したとき、夢《ゆめ》さんは一瞬《いっしゅん》「ん？」となった。

ハルクは尻尾《しっぽ》を振《ふ》りながら夢《ゆめ》さんにすり寄《よ》っていく。

そのとき、ハルクは生後《せいご》4か月《げつ》だったとはいえ、体重《たいじゅう》は10キロほど。体《からだ》はすでに夢《ゆめ》さんより少《すこ》し大《おお》きかった。

そんなハルクを前《まえ》にして、おびえて尻尾《しっぽ》を巻《ま》くのかなと思《おも》って見《み》ていたら、夢《ゆめ》さんは、ハルクのほうに近《ちか》づいていって、ツンツンとちょっかいを出《だ》し始《はじ》め、そのうち、ハルクと転《ころ》げ回《まわ》って遊《あそ》び始《はじ》めたのだった。

みんなから期待《きたい》されてハルクがやって来《き》たとき、あたしは、夢《ゆめ》さんのことを「かわいそうに」って思《おも》っていた。

みんな、人懐《ひとなつ》っこいハルクばかりをかわいがったりしないのかな。

夢《ゆめ》さん、拗《す》ねてハルクをいじめたりしないかな。

ハルクと夢《ゆめ》さん、うまくやっていけるのかな。

良《よ》くない考《かんが》えがグルグルと渦《うず》を巻《ま》き、あたしは胸《むね》を痛《いた》めた。

でも、それはあたしの思《おも》いすごしだったのだ。

2匹《ひき》はすぐ仲良《なかよ》しになった。「やーい、チビ」なんて感《かん》じで、夢《ゆめ》さんは兄《あに》貴風《きかぜ》を吹《ふ》かせながら、いつもハルクと楽《たの》しそうにじゃれ合《あ》っていた。

夢《ゆめ》さんは、新《あたら》しい仲間《なかま》がやって来《き》て、とても嬉《うれ》しそうだった。

4 マイペースの頑張《がんば》り

2012年《ねん》に入《はい》り、ハルクがひと通《とお》りの基礎訓練《きそくんれん》をマスターした頃《ころ》、夢《ゆめ》さんとハルクの、災害救助犬《さいがいきゅうじょけん》になるための本格的《ほんかくてき》な訓練《くんれん》が始《はじ》まった。

災害救助犬《さいがいきゅうじょけん》は、読《よ》んで字《じ》のごとく、災害《さいがい》が起《お》きたときに人《ひと》を助《たす》けるのが仕《し》事《ごと》だ。ただ、具体的《ぐたいてき》な仕事内容《しごとないよう》はいろいろで、地震《じしん》などで倒《たお》れた建物《たてもの》の下敷《したじ》きになった人《ひと》を見《み》つける〝がれき捜索《そうさく》〟のほか、雪山《ゆきやま》で遭難《そうなん》した人《ひと》を見《み》つける〝雪難捜索《せつなんそうさく》〟、海《うみ》や川《かわ》で遭難《そうなん》した人《ひと》を見《み》つける〝水難捜索《すいなんそうさく》〟などがある。

夢《ゆめ》さんたちが目指《めざ》したのは、がれき捜索《そうさく》をする救助犬《きゅうじょけん》だ。

地震《じしん》などの災害現場《さいがいげんば》で、がれきや流木《りゅうぼく》の上《うえ》、泥《どろ》の中《なか》を歩《ある》いて、においを頼《たよ》りに救助《きゅうじょ》を求《もと》めている人《ひと》を探《さが》し出《だ》す、とても危険《きけん》な役割《やくわり》をになう。

訓練《くんれん》も、それはそれは厳《きび》しいものだろうな、と思《おも》っていたら、実《じつ》は、がれき捜索《そうさく》というのは、犬《いぬ》にとっては、自分《じぶん》が鬼《おに》になる〝かくれんぼ〟なのだという。

そして、訓練《くんれん》は、〝かくれんぼごっこ〟。人工的《じんこうてき》につくったがれきの中《なか》などに人《ひと》が隠《かく》れ、犬《いぬ》は嗅覚《きゅうかく》を使《つか》ってその人《ひと》を探《さが》す。見《み》つければ、ごほうびがもらえる。さらにごほうびが欲《ほ》しくて、犬《いぬ》はもっと頑張《がんば》る。もっと頑張《がんば》れば、もっともっとごほうびがもらえる……。

犬《いぬ》にとっては楽《たの》しい遊《あそ》びのひとつなのだ。


なぁーんだ、なんて思《おも》ってはいけない。

優《すぐ》れた災害救助犬《さいがいきゅうじょけん》は、かくれんぼの鬼役《おにやく》が大好《だいす》きな犬《いぬ》とも言《い》える。そうなるためには、「どうしてもごほうびを手《て》に入《い》れるんだ！」という執着心《しゅうちゃくしん》が絶《ぜっ》対《たい》に欠《か》かせないものだけど、夢《ゆめ》さんは、実《じつ》にあっさりした（？）性格《せいかく》。おもちゃに興味《きょうみ》もなければ、食《た》べものへの執着《しゅうちゃく》もあまりない。

そんな夢《ゆめ》さんが「絶対《ぜったい》ごほうびを手《て》に入《い》れるぞ」という気《き》になるまでには、やっぱり、かなりの苦労《くろう》があったのだ。まぁ、実《じつ》を言《い》うと、一番《いちばん》苦労《くろう》したのは、トレーナーの佐野《さの》さんなんだけど。

執着心《しゅうちゃくしん》を煽《あお》るごほうびは犬《いぬ》によってさまざまで、それを見《み》つけることが、トレーナーの仕事《しごと》のひとつでもある。

佐野《さの》さんは最初《さいしょ》、おもちゃをごほうびにしようと考《かんが》え、ボール、ぬいぐるみ、ロープなど、いろいろ試《ため》してみた。だけど夢《ゆめ》さんは知《し》らんぷり。まったく興味《きょうみ》を示《しめ》さなかった。

ならばおやつはどうだ⁉　と試《こころ》みたが、何度《なんど》も話《はな》したように、夢《ゆめ》さんは食《く》い意地《いじ》がはっているわけじゃない。レバーや鶏《とり》ささみなど夢《ゆめ》さんの好物《こうぶつ》を目《め》の前《まえ》にちらつかせてみても、夢《ゆめ》さん、「いや、食《た》べたいは食《た》べたいんですよ。でも、そこまでして欲《ほ》しいとは思《おも》わないんですよね、僕《ぼく》ちん」といった具合《ぐあい》で、効果《こうか》のほどはいまひとつ……。

「うーん……」

佐野《さの》さんは腕《うで》を組《く》んで考《かんが》え込《こ》んだ。

お腹《なか》がすけば、誰《だれ》でも空腹《くうふく》を満《み》たしたいと思《おも》うよな、食《た》べものに対《たい》する執《しゅう》着《ちゃく》が出《で》てくるよなぁ。いつもはどうでもいいものでも、お腹《なか》がすいているときに食《た》べればおいしく感《かん》じるものだし……。

そんなことを心《こころ》の中《なか》でつぶやいていた佐野《さの》さん。

「！」

ついにひらめいた。

「そうだ、だったら、夢之丞《ゆめのすけ》のお腹《なか》がすいているときを狙《ねら》おう」

佐野《さの》さんは、訓練《くんれん》を夢《ゆめ》さんの空腹時《くうふくじ》にしぼり、さらに、夢《ゆめ》さんの飽《あ》きっぽい性格《せいかく》を考《かんが》えて、短時間《たんじかん》で切《き》り上《あ》げることを思《おも》いついたのだ。

佐野《さの》さんの読《よ》みは当《あ》たった。

空腹《くうふく》に負《ま》けた夢《ゆめ》さんは、なんとかおやつを得《え》ようと、がぜん張《は》り切《き》るようになった。訓練《くんれん》を短時間《たんじかん》にしぼったためか集中力《しゅうちゅうりょく》も倍増《ばいぞう》、佐野《さの》さんの指示《しじ》にもよく従《したが》うようになった。

夢《ゆめ》さん、一歩前進《いっぽぜんしん》である。

ちなみに、ハルクの場合《ばあい》、執着心《しゅうちゃくしん》を煽《あお》るごほうびは、青《あお》いロープのおもちゃだった。藤崎《ふじさき》さんがいろいろなおもちゃを試《ため》したところ、ハルクは、このおもちゃに強《つよ》い執着心《しゅうちゃくしん》を見《み》せたのだ。

藤崎《ふじさき》さんは、ハルクにお気《き》に入《い》りのおもちゃを手渡《てわた》すとき、とびきりの笑《え》顔《がお》とともに喜《よろこ》びを体全体《からだぜんたい》で表現《ひょうげん》しながら、ハルクをなでた。

ハルクにとっては、トレーナーである藤崎《ふじさき》さんの笑顔《えがお》やほめ言葉《ことば》、スキンシップもごほうびだった。ハルクに限《かぎ》ったことではなく、犬《いぬ》は飼《か》い主《ぬし》の、そういった言動《げんどう》がごほうびになるものだけれど、人《ひと》が大好《だいす》きなハルクにとっては、よりいっそう大《おお》きなごほうびとなったのだ。

こうしたダブルのごほうびで、ハルクのごほうびへの執着心《しゅうちゃくしん》はどんどん大《おお》きくなっていった。執着心《しゅうちゃくしん》が強《つよ》ければ強《つよ》いほど、〝かくれんぼの鬼役《おにやく》〟を楽《たの》しめるようになる。つまり、災害《さいがい》の現場《げんば》で活躍《かつやく》できる可能性《かのうせい》が高《たか》いということだ。

ゴールデン・レトリバーのハルクは、最初《さいしょ》、雑種《ざっしゅ》の夢《ゆめ》さんより少《すこ》し大《おお》きいくらいの体格《たいかく》だったけど、あっという間《ま》に、夢《ゆめ》さんよりはるかに大《おお》きくなった。そして、体《からだ》の成長《せいちょう》に比例《ひれい》するかのように、訓練《くんれん》の成果《せいか》を出《だ》すのも、夢《ゆめ》さんより、ずっとずっと早《はや》かった。

ごほうびへの執着《しゅうちゃく》を強《つよ》くすることもそうだけど、吠《ほ》える訓練《くんれん》でも、夢《ゆめ》さんは遅《おく》れをとった。

災害救助犬《さいがいきゅうじょけん》は、吠《ほ》えることもひとつの仕事《しごと》。災害現場《さいがいげんば》で人《ひと》を発見《はっけん》したとき、ハンドラー（犬《いぬ》に指示《しじ》を出《だ》す人《ひと》）にそのことを吠《ほ》えて知《し》らせるのだ。だから、吠《ほ》えるという訓練《くんれん》も必要《ひつよう》になってくる。

夢《ゆめ》さんとハルクは、ごほうびが欲《ほ》しいときには吠《ほ》える、ということを、まず教《おし》えられた。

ハルクは呑《の》み込《こ》みが早《はや》かった。藤崎《ふじさき》さんがハルクにお気《き》に入《い》りのおもちゃを見《み》せると、無邪気《むじゃき》な顔《かお》でワンワンと吠《ほ》え、「ちょうだい」と、ごほうびをねだることができるようになった。

ところが、夢《ゆめ》さんはなかなか声《こえ》が出《で》てこない。

あたしは、犬《いぬ》っていう生《い》きものはよく吠《ほ》えるものだと思《おも》っていた。何度《なんど》、近所《きんじょ》の犬《いぬ》にうるさく吠《ほ》えられたか、わかりゃしない。でも、あたしは、夢《ゆめ》さんが吠《ほ》えるのを聞《き》いたことがなかった。夢《ゆめ》さんは、小《ちい》さいときから、鳴《な》かない、吠《ほ》えない犬《いぬ》だったのだ。

お行儀《ぎょうぎ》がいいから、とか、決《けっ》してそんなんじゃない。

多分《たぶん》、夢《ゆめ》さんは、恐怖《きょうふ》が強《つよ》すぎて声《こえ》が出《で》なかったんだと思《おも》う。繊細《せんさい》な夢《ゆめ》さんは、自分《じぶん》が吠《ほ》えることによってなにか良《よ》くないことが自分《じぶん》の身《み》に降《ふ》りかかるんじゃないかって、深《ふか》く考《かんが》えすぎていたのかもしれない。

どっちにしても、そんな夢《ゆめ》さんに「おやつが欲《ほ》しいときには吠《ほ》える」を覚《おぼ》えてもらうのは、根気《こんき》がいる作業《さぎょう》だ。

佐野《さの》さんが夢《ゆめ》さんの目《め》の前《まえ》におやつをちらつかせる。

「ちょうだい！　のときはワン！　だぞ。ワン！　だからな」

夢《ゆめ》さんは、おやつが欲《ほ》しくて、黙《だま》ってじっとそれを見《み》つめる。

「欲《ほ》しいだろ？　だから、ワン！　だ」

夢《ゆめ》さんは、「欲《ほ》しいんだけど。早《はや》くちょうだいよ」とうらめしそうな目《め》で訴《うった》える。けど、佐野《さの》さんはくれない。

「も〜っ、早《はや》くちょうだいってばっ！」

夢《ゆめ》さんはそのうちじれったくなってきて、声《こえ》を出《だ》そうとするんだけど……。

「ハフハフ、ハフハフ……」

ため息《いき》のような、声《こえ》にならない声《こえ》が出《で》るばかり。

でも、それでも、吠《ほ》えようとして頑張《がんば》った。一生懸命《いっしょうけんめい》な佐野《さの》さんに応《こた》えたかったし、目《め》の前《まえ》にちらつかされるおやつも、もちろん食《た》べたかったから。

「ハフ、ハフ、……ワン！」

佐野《さの》さんに促《うなが》されて練習《れんしゅう》しているうちに、ついに、「ワン！」と声《こえ》が出《で》た。

「そう、そうだ。夢《ゆめ》、よくやった！　その調子《ちょうし》だぞ。いいぞ、いいぞ」

佐野《さの》さんから笑顔《えがお》でほめられ、やっとごほうびのおやつをもらうことができた。不器用《ぶきよう》な夢《ゆめ》さんには、ハルクのように体全体《からだぜんたい》で喜《よろこ》びをあらわすことはできなかったけど、佐野《さの》さんからほめられたことは、とても嬉《うれ》しかった。もっと頑張《がんば》ろうっていう気《き》にもなった。

「ハフ、ハフ、ワン！　……ハフハフ……ワン、ハフ……」

こんなことを繰《く》り返《かえ》しているうち、「ハフ」よりも「ワン」と声《こえ》が出《で》ることのほうが多《おお》くなり、夢《ゆめ》さんは、やっとのことで、吠《ほ》えてごほうびを要求《ようきゅう》することをマスターしたのだった。

訓練《くんれん》は、だんだんと災害救助《さいがいきゅうじょ》の核心《かくしん》に迫《せま》っていく。

いよいよ〝かくれんぼごっこ〟だ。

これは、二人《ふたり》と1匹《ぴき》のセットで行《おこな》われる。夢《ゆめ》さんの場合《ばあい》なら、佐野《さの》さんが夢《ゆめ》さんに指示《しじ》を出《だ》し、藤崎《ふじさき》さんなどほかのスタッフがかくれる役《やく》にまわる。

その初級編《しょきゅうへん》は、広場《ひろば》での訓練《くんれん》だ。かくれんぼ、と言《い》っても、最初《さいしょ》はかくれるわけじゃない。スタッフが木《き》の横《よこ》など見《み》えるところにおやつを持《も》って立《た》つ。夢《ゆめ》さんは、リードをつけられて佐《さ》野《の》さんの横《よこ》にぴったり寄《よ》り添《そ》う。

「捜索開始《そうさくかいし》します！　誰《だれ》かいますかーっ！」

佐《さ》野《の》さんが大声《おおごえ》で叫《さけ》ぶ。これが捜索開始《そうさくかいし》の号令《ごうれい》。夢《ゆめ》さんたちにとっては、「これからかくれんぼをするよ」という合図《あいず》になる。

「探《さが》せ！」

佐《さ》野《の》さんは、こう言《い》うと同時《どうじ》にリードを離《はな》して夢《ゆめ》さんを放《はな》つ。

夢《ゆめ》さんは、一目散《いちもくさん》に木《き》の横《よこ》に立《た》つスタッフのもとへ走《はし》っていく。そして、「おやつ、ちょうだい」と吠《ほ》えて要求《ようきゅう》する。

でも、スタッフはすぐにはおやつを渡《わた》さない。夢《ゆめ》さんの吠《ほ》える声《こえ》を聞《き》き、佐《さ》野《の》さんがそこに駆《か》けつけて初《はじ》めて、夢《ゆめ》さんはおやつをもらえる。それまでずっと吠《ほ》え続《つづ》けなくてはならない。なぜなら、災害現場《さいがいげんば》では、救助《きゅうじょ》を求《もと》めている人《ひと》を見《み》つけたとき、ハンドラーがその場《ば》に駆《か》けつけるまで吠《ほ》え続《つづ》けなくてはならないからだ。

最初《さいしょ》は簡単《かんたん》。かくれんぼと言《い》っても、人《ひと》はかくれているわけじゃないから、探《さが》すもなにもない。ただ、目《め》で確認《かくにん》して、その人《ひと》のもとへ走《はし》っていけばいいだけだ。

だけど、訓練《くんれん》はどんどん高度《こうど》になっていく。

短《みじか》い距離《きょり》から始《はじ》められたかくれんぼは、徐々《じょじょ》に距離《きょり》が長《なが》くなっていき、さらに、木《き》の陰《かげ》や建物《たてもの》の後《うし》ろにかくれた人《ひと》を鼻《はな》を使《つか》って探《さが》す訓練《くんれん》が繰《く》り返《かえ》される。そして、それをマスターしたら、今度《こんど》は、がれきや土管《どかん》、倒木《とうぼく》などが置《お》かれた、実際《じっさい》の災害現場《さいがいげんば》さながらのトレーニング場《じょう》での訓練《くんれん》に変《か》わる。

最初《さいしょ》は順調《じゅんちょう》だった。でも、訓練《くんれん》が高度《こうど》になっていくにつれ、夢《ゆめ》さんの欠点《けってん》が目立《めだ》ちだす。夢《ゆめ》さんは飽《あ》きっぽい性格《せいかく》で、集中力《しゅうちゅうりょく》に欠《か》けるのだ。

「えーっ、まだやるの〜？」

訓練《くんれん》は一日《いちにち》に何度《なんど》も繰《く》り返《かえ》されるんだけど、回《かい》を重《かさ》ねていくと、夢《ゆめ》さんは飽《あ》き飽《あ》きして、やる気《き》を失《うしな》った。

「ワン！　ワン！　ハフ、ハフ、ハフ、ハフ……」

かくれている人《ひと》を見《み》つけても、吠《ほ》え続《つづ》けることができない。

「もうやーめたっ！」

かくれた人《ひと》が見《み》つけ出《だ》せないと、さっさと探《さが》すことをあきらめて、まったく関係《かんけい》ない方向《ほうこう》に行《い》ってうろうろしたりも……。

ありゃりゃ……。

そんな夢《ゆめ》さんを見《み》て、あたしは苦笑《にがわら》いするしかなかった。


ハルクは、かくれんぼを楽《たの》しんでいた。

「捜索開始《そうさくかいし》します！　誰《だれ》かいますかーっ！　――探《さが》せ！」

藤崎《ふじさき》さんが、合図《あいず》の声《こえ》とともにリードを離《はな》す。

駆《か》け出《だ》したハルクは、全神経《ぜんしんけい》を集中《しゅうちゅう》させ、鼻《はな》をクンクンさせてあたりの様《よう》子《す》をうかがいながら前進《ぜんしん》する。しばらく経《た》つと、人《ひと》がかくれている場所《ばしょ》に立《た》ち止《ど》まって吠《ほ》え始《はじ》める。

「よーし、よし。その調子《ちょうし》だ。いいぞ、ハルク。いいぞぉ～」

藤崎《ふじさき》さんが駆《か》けつけて大《おお》げさなくらいにほめ、そして、ハルクが大好《だいす》きなおもちゃを与《あた》えてなでる。ハルクは、尻尾《しっぽ》をぶるんぶるんと大《おお》きく振《ふ》り、大《おお》喜《よろこ》びでおもちゃをくわえる。

かくれんぼの楽《たの》しさを覚《おぼ》えたハルクにとって、災害救助犬《さいがいきゅうじょけん》として活躍《かつやく》できる日《ひ》は、そう遠《とお》くない未来《みらい》になりつつあった。

訓練《くんれん》を重《かさ》ねれば重《かさ》ねるほど、夢《ゆめ》さんとハルクの差《さ》が浮《う》き彫《ぼ》りになっていく。代々《だいだい》作業犬《さぎょうけん》として活躍《かつやく》してきた血筋《ちすじ》に生《う》まれ、DNA《ディーエヌエー》にその能力《のうりょく》が組《く》み込《こ》まれているハルク。災害救助犬《さいがいきゅうじょけん》としての資質《ししつ》は十分《じゅうぶん》で、誰《だれ》の目《め》にも〝優秀《ゆうしゅう》な災害救助犬候補生《さいがいきゅうじょけんこうほせい》〟と映《うつ》っていた。

かたや夢《ゆめ》さんは、ひどい言《い》い方《かた》を承知《しょうち》で言《い》えば、〝どこの馬《うま》の骨《ほね》ともわからない〟雑種《ざっしゅ》（あたしも同《おな》じだけど）。トレーナーの中《なか》には、そういう犬《いぬ》は災害救助犬《さいがいきゅうじょけん》になれないと考《かんが》えている人《ひと》もいる。

でも、佐野《さの》さんは違《ちが》った。確《たし》かにハルクには持《も》って生《う》まれた才能《さいのう》があり、なんでも覚《おぼ》えが早《はや》い。それは認《みと》めていたけれど、夢《ゆめ》さんにも可能性《かのうせい》は十分《じゅうぶん》あると信《しん》じていた。

そもそも、もともとダメな犬《いぬ》なんていない。犬《いぬ》がダメになるかどうかは人間次第《にんげんしだい》。夢《ゆめ》さんと二人三脚《ににんさんきゃく》の自分《じぶん》があきらめなければ、夢《ゆめ》さんは必《かなら》ず災害救《さいがいきゅう》助犬《じょけん》として活躍《かつやく》できるようになる、と。

だから、佐野《さの》さんは決《けっ》してあきらめなかった。夢《ゆめ》さんの可能性《かのうせい》を信《しん》じ、「夢《ゆめ》は夢《ゆめ》なりのペースでやればいい」と、夢《ゆめ》さんのレベルに合《あ》わせて気長《きなが》に訓練《くんれん》を積《つ》んでいったのだ。

訓練中《くんれんちゅう》、夢《ゆめ》さんがかくれている人《ひと》を探《さが》し出《だ》せずにうろうろしていると、夢《ゆめ》さんを呼《よ》び戻《もど》して、その手助《てだす》けをした。

20メートル先《さき》にいる人《ひと》を見《み》つけられなければ、夢《ゆめ》さんと一緒《いっしょ》に10メートルの距離《きょり》まで近《ちか》づいていって、「探《さが》せ！」の指示《しじ》を出《だ》す。それでもダメなら、5メートルまで、それも無理《むり》だったら3メートルまで近《ちか》づいて、同《おな》じことを繰《く》り返《かえ》した。

その性格《せいかく》を考《かんが》え、夢《ゆめ》さんが飽《あ》きてしまわないよう、一回《いっかい》の訓練時間《くんれんじかん》を短《みじか》めに設定《せってい》、そのかわり短時間《たんじかん》をこまめに繰《く》り返《かえ》すという工夫《くふう》もした。

こうやって佐野《さの》さんは、夢《ゆめ》さんがかくれている人《ひと》を発見《はっけん》し、「ここだよ」と吠《ほ》えて知《し》らせてくれるまで、忍耐強《にんたいづよ》く訓練《くんれん》を続《つづ》けた。もちろん、どんなに近《ちか》い距離《きょり》だったとしても、夢《ゆめ》さんがかくれている人《ひと》を見《み》つけて吠《ほ》え続《つづ》ければ、必《かなら》ずごほうびのおやつを与《あた》え、藤崎《ふじさき》さんがハルクにそうしているように、夢《ゆめ》さんのことを大《おお》げさにほめた。

佐野《さの》さんは、夢《ゆめ》さんに〝失敗《しっぱい》〟をさせたくないと思《おも》っていた。

みんなが考《かんが》える〝失敗《しっぱい》〟っていうのは、「トライしたけどできなかった」とか、「やったけどなんだか変《へん》なことになっちゃった」ってことだと思《おも》うけど、佐野《さの》さんが考《かんが》える、夢《ゆめ》さんたち犬《いぬ》にとっての〝失敗《しっぱい》〟というのは、〝悪《わる》い学習《がくしゅう》〟をすることらしい。

例《たと》えば階段《かいだん》。犬《いぬ》は普通《ふつう》に階段《かいだん》の上《のぼ》り下《お》りができると思《おも》っている人《ひと》も多《おお》い。でも、実《じつ》は、最初《さいしょ》は階段《かいだん》を前《まえ》にすると嫌《いや》がって立《た》ち止《ど》まる犬《いぬ》がほとんどなんだって。

そのとき、「嫌《いや》なの？　じゃあ、やめよっか」って人《ひと》が言《い》ってしまうと、犬《いぬ》は、「嫌《いや》がればやめてくれる」、「駄々《だだ》をこねれば嫌《いや》なことから逃《に》げられる」ってことを学習《がくしゅう》してしまう。それが、佐野《さの》さんが考《かんが》える〃失敗《しっぱい》〃だ。

佐野《さの》さんは、夢《ゆめ》さんに、こんな経験《けいけん》をしてもらいたくなかった。

だから、夢《ゆめ》さんがおびえて外《そと》を歩《ある》きたがらなかったときも、階段《かいだん》を前《まえ》にして崖《がけ》っぷちに立《た》たされたように怖《こわ》がったときも、新幹線《しんかんせん》の音《おと》にひるんだときも、うまく吠《ほ》えることができなかったときも、かくれんぼの訓練《くんれん》でなかなか人《ひと》が見《み》つからず飽《あ》きてしまってうろうろしているときも、決《けっ》して「じゃあ、やめよう」とは言《い》わなかった。

佐野《さの》さんは、夢《ゆめ》さんにとっては、ある意味《いみ》〃スパルタ先生《せんせい》〃だったのだ。

でも、ただ厳《きび》しいだけじゃなくて、そこには愛《あい》があった。

かくれんぼで人《ひと》が見《み》つからなくて、20メートルがダメなら10メートル、10

メートルがダメなら5メートル……と、距離《きょり》を近《ちか》づけて訓練《くんれん》したように、佐《さ》野《の》さんは、夢《ゆめ》さんのペースに合《あ》わせて低《ひく》いハードルを設定《せってい》し、ちょっとずつ、ちょっとずつクリアできるようにしていった。

それもこれも、夢《ゆめ》さんに〝成功《せいこう》〟だけを経験《けいけん》してほしかったからだ。

やっぱり、愛《あい》だね、愛《あい》。

夢《ゆめ》さんにも、そんな佐野《さの》さんの愛《あい》は十分《じゅうぶん》に通《つう》じ始《はじ》めていたんだと思《おも》う。

ただ、ハルクのように、無邪気《むじゃき》に尻尾《しっぽ》を振《ふ》りながらすりすり寄《よ》ってきて、「なでて、なでて！」なんて甘《あま》えることはなかった。

でも、あたしは見《み》たのだ。夢《ゆめ》さんが自分《じぶん》なりのやり方《かた》で佐野《さの》さんに愛《あい》と信《しん》頼《らい》をあらわすところを。

その頃《ころ》、夢《ゆめ》さんは、最初《さいしょ》の頃《ころ》のように犬部屋《いぬべや》のケージに入《い》れられるのではなく、家《いえ》では自由《じゆう》にふるまうことを許《ゆる》されていた。

ある晩《ばん》のことだ。

「夢《ゆめ》、おやすみ」

佐野《さの》さんは、自室《じしつ》の床《ゆか》に置《お》かれた大《おお》きなクッションに寄《よ》り添《そ》って眠《ねむ》っている夢《ゆめ》さんに声《こえ》をかけ、自分《じぶん》のベッドに潜《もぐ》り込《こ》んだ。一人《ひとり》と1匹《ぴき》の間《あいだ》には距離《きょり》があった。

やがて、スースーという佐野《さの》さんの寝息《ねいき》が聞《き》こえ始《はじ》める。

すると夢《ゆめ》さん、おもむろに起《お》き出《だ》したではないか。なにをするのかなと思《おも》って見《み》ていたら、静《しず》かにベッドのほうに歩《ある》いていって、佐野《さの》さんが手《て》を伸《の》ばせば届《とど》くくらいのところにうずくまって眠《ねむ》り始《はじ》めたのだ。

朝《あさ》が来《き》た。ベッドから体《からだ》を起《お》こした佐野《さの》さんは、キョロキョロと部屋《へや》を見《み》回《まわ》し、夢《ゆめ》さんがクッションのところにいないのに気《き》づく。

「あれ？」

首《くび》をかしげると同時《どうじ》に、ベッドの下《した》を見《み》る。

「なんだ、夢《ゆめ》、こっちに来《き》てたんだ」

ベッドのすぐ近《ちか》くで寝《ね》ている夢《ゆめ》さんに気《き》づき、目尻《めじり》を下《さ》げてつぶやいた。

普通《ふつう》、室内《しつない》で飼《か》われている犬《いぬ》は、だいたい寝《ね》るときは飼《か》い主《ぬし》のそばに来《き》たがるものらしい。ところが、それまで夢《ゆめ》さんには、そういう態度《たいど》が見《み》られなかった。夢《ゆめ》さんは、また一歩《いっぽ》〝犬《いぬ》らしく〟なったのだった。

「かわいいやつめ」

佐野《さの》さんは顔《かお》をほころばせ、眠《ねむ》っている夢《ゆめ》さんの体《からだ》をツン！　と小突《こづ》く。

眠《ねむ》りから覚《さ》めた夢《ゆめ》さんは、佐《さ》野《の》さんのほうをちらっと見《み》てから起《お》き上《あ》がり、なにも言《い》わず、その場《ば》からスーッといなくなった。

夢《ゆめ》さんは、ものすごく照《て》れ屋《や》みたいだ。

夢《ゆめ》さんのことを一番理解《いちばんりかい》している佐《さ》野《の》さんは、当分《とうぶん》、ニタニタしていた。

だんだん〝犬《いぬ》らしく〟なっていった夢《ゆめ》さん。訓練《くんれん》のほうも、ハルクに遅《おく》れながらも、ひとつずつ着実《ちゃくじつ》にこなしていたとき、ヘリコプターで災害現場《さいがいげんば》に向《む》かう訓練《くんれん》が行《おこな》われることになった。

救助犬《きゅうじょけん》として有望視《ゆうぼうし》されていたハルクにはみんなが期待《きたい》していたけれど、夢《ゆめ》さんには……。「ハルクが参加《さんか》するから、夢之丞《ゆめのすけ》もついでにやっとく？」っていうのが、みんなの正直《しょうじき》な気持《きも》ちだった（ちょっとひどい……）。

災害《さいがい》で道路《どうろ》が寸断《すんだん》され、ヘリでしか行《い》けない現場《げんば》に向《む》かうという設定《せってい》。2匹《ひき》は佐野《さの》さんや藤崎《ふじさき》さんらレスキュー隊《たい》と一緒《いっしょ》にヘリに乗《の》り込《こ》み、しばらく飛《と》んでから現場《げんば》に到着《とうちゃく》、地上《ちじょう》に降《お》り立《た》つのだ。

ヘリは着陸《ちゃくりく》せず、地上《ちじょう》から10メートルほどの空中《くうちゅう》に浮《う》いたまま。そこから、命綱《いのちづな》をつけた隊員《たいいん》に抱《だ》きかかえられて地上《ちじょう》に降《お》りる。もちろん、夢《ゆめ》さんもハルクも命綱《いのちづな》をつけている。

耳《みみ》をつんざくようなプロペラ音《おん》が辺《あた》りに響《ひび》き渡《わた》る。すぐそばにいる人《ひと》ともまともに会話《かいわ》ができない。そんな中《なか》で訓練《くんれん》が始《はじ》まった。

扉《とびら》を開《あ》けたまま空中《くうちゅう》に浮《う》かぶヘリから、まず、藤崎《ふじさき》さんがハルクを抱《だ》いて降《お》りようとした。

ところが……。

いつもは従順《じゅうじゅん》で、楽《たの》しそうに訓練《くんれん》をしているハルクが、そのときばかりは、体《からだ》を硬《かた》くし、がっつりヘリの床《ゆか》に踏《ふ》ん張《ば》って動《うご》こうとしない。

「こんな高《たか》いところから突《つ》き落《お》とすつもり？　みんなに殺《ころ》される～っ!!　お願《ねが》い、突《つ》き落《お》とさないで――っ!!」

ハルクは、恐怖《きょうふ》におののく目《め》で必死《ひっし》に訴《うった》えた。

藤崎《ふじさき》さんは、それでもなんとかハルクを抱《だ》きかかえようとしたけど、30キロの巨体《きょたい》。それが体《からだ》に力《ちから》を入《い》れて踏《ふ》ん張《ば》っているんだから、無理《むり》やり抱《だ》きかかえて降《お》ろすのには無理《むり》がある……。結局《けっきょく》、ハルクの訓練《くんれん》は断念《だんねん》された。

ハルクも初《はじ》めてだったけど、藤崎《ふじさき》さんもヘリから降《お》りる訓練《くんれん》は初体験《はったいけん》。

「しょうがないね」と、みんなが納得《なっとく》している中《なか》、〝一応《いちおう》〟、夢《ゆめ》さんもトライすることになった。あくまで、一応《いちおう》だ。

すると、なんということだろう‼

夢《ゆめ》さん、おとなしく佐野《さの》さんに抱《だ》きかかえられて、スムーズに地上《ちじょう》に到着《とうちゃく》したではないか。

みんなは目《め》を丸《まる》くした。

知《し》らない人《ひと》がそばに寄《よ》っただけで尻尾《しっぽ》を下《さ》げる。ものが倒《たお》れる音《おと》がしただけでもビクッとする。そんなビビリな夢《ゆめ》さんが、プロペラの爆音《ばくおん》が響《ひび》き渡《わた》る中《なか》、空中《くうちゅう》から地上《ちじょう》にすんなりと舞《ま》い降《お》りたのだ。

「夢之丞《ゆめのすけ》は本番《ほんばん》に強《つよ》いタイプなのかもしれない」

みんなが夢《ゆめ》さんの秘《ひ》めたる可能性《かのうせい》に期待《きたい》した瞬間《しゅんかん》だった。

やったね、夢《ゆめ》さん！

あたしは拍手《はくしゅ》を送《おく》った。

マイペースの大奮闘《だいふんとう》である。

ちなみに、ハルクは、この訓練《くんれん》のショックで1週間《しゅうかん》も食《た》べものがのどを通《とお》らなかった。でも、夢《ゆめ》さんは、普段通《ふだんどお》りの食欲《しょくよく》を見《み》せ、それまでどおり、飄々《ひょうひょう》と過《す》ごしていた。

5

初《はじ》めての出動《しゅつどう》

あの日《ひ》。

外《そと》は雨《あめ》。早朝《そうちょう》、雨音《あまおと》を子守唄《こもりうた》にうつらうつらしていた夢《ゆめ》さんは、家《いえ》の中《なか》がただならぬ気配《けはい》に包《つつ》まれていることを感《かん》じて、ついに起《お》き出《だ》した。佐野《さの》さんと藤崎《ふじさき》さんが緊迫《きんぱく》した表情《ひょうじょう》でなにやら話《はな》し込《こ》み、そわそわと落《お》ち着《つ》かない。

今《いま》しがたの電話《でんわ》が原因《げんいん》だった。かけてきたのはボスの大西《おおにし》さんだ。話《はなし》は、

「出動《しゅつどう》の準備《じゅんび》をしておくように」という内容《ないよう》だった。

出動《しゅつどう》――。それは、災害救助《さいがいきゅうじょ》に向《む》かうことにほかならない。

夢《ゆめ》さんもハルクも、それまで災害救助《さいがいきゅうじょ》の厳《きび》しい訓練《くんれん》を積《つ》んできていた。訓《くん》練《れん》を積《つ》んでいたのは、佐野《さの》さんも藤崎《ふじさき》さんも同《おな》じだった。

二人《ふたり》はドッグ・トレーナーであり、災害時《さいがいじ》には佐野《さの》さんは夢《ゆめ》さんの、藤崎《ふじさき》さんはハルクのハンドラーを務《つと》めなきゃいけない。

ハンドラーは災害現場《さいがいげんば》で犬《いぬ》を操《あやつ》る人《ひと》だ。

「捜索開始《そうさくかいし》しまーす！　誰《だれ》かいますかー？」

この言葉《ことば》を合図《あいず》に、犬《いぬ》に「探《さが》せ」の指示《しじ》を出《だ》す。

手順《てじゅん》としてはそれまでに訓練《くんれん》でやってきたことと同《おな》じだけれど、実際《じっさい》の現《げん》場《ば》では、ハンドラーは状況《じょうきょう》を見《み》て、どの辺《あた》りに救助《きゅうじょ》を求《もと》めている人《ひと》がいるかを想定《そうてい》してから犬《いぬ》を放《はな》つ必要《ひつよう》がある。そのためには、レスキューのノウハウやスキルはもちろん、体力《たいりょく》だって欠《か》かせない。

だから、佐野《さの》さんと藤崎《ふじさき》さんは、ピースウィンズ・ジャパンのほかのレスキュー隊員《たいいん》たちに混《ま》ざって厳《きび》しい訓練《くんれん》を積《つ》んできた。だけど、それまでに一《いち》度《ど》も出動経験《しゅつどうけいけん》はなかった。その二人《ふたり》が、やっぱり経験《けいけん》のない夢《ゆめ》さんとハルクを連《つ》れて災害現場《さいがいげんば》におもむく——。

「出動《しゅつどう》」という言葉《ことば》を耳《みみ》にした二人《ふたり》の肩《かた》に、ずしりと重《おも》たいプレッシャーがのしかかっていた。

その様子《ようす》を空《そら》から見《み》ていたあたしにも、二人《ふたり》の緊張《きんちょう》は十分《じゅうぶん》すぎるくらいに伝《つた》わってきた。


《本日未明《ほんじつみめい》、広島市安佐南区《ひろしましあさみなみく》・安佐北区《あさきたく》で土砂災害発生《どしゃさいがいはっせい》。数人《すうにん》が行方不明《ゆくえふめい》になっているもよう――》

2014年《ねん》8月20日早朝《がつはつかそうちょう》、大西《おおにし》さんのもとにニュースが飛《と》び込《こ》んできた。

広島県一帯《ひろしまけんいったい》は、前夜《ぜんや》から豪雨《ごうう》に見舞《みま》われていた。深夜《しんや》になっても雨《あめ》の勢《いきお》いは衰《おとろ》える気配《けはい》がなく、神石高原町《じんせきこうげんちょう》でも、ピシャピシャと地面《じめん》をたたきつける雨音《あまおと》が家《いえ》の中《なか》にまで響《ひび》いてくるほどだった。

まだ夜《よ》が明《あ》け切《き》らぬうちに大西《おおにし》さんが起床《きしょう》したときには、いくぶん小降《こぶ》りになっていたものの、まだ雨《あめ》は降《ふ》り続《つづ》いていた。そんなとき、同《おな》じ広島県内《ひろしまけんない》で土砂災害《どしゃさいがい》が発生《はっせい》しているという一報《いっぽう》を受《う》けたのだ。被害《ひがい》の詳細《しょうさい》はまだわからなかった。救助隊《きゅうじょたい》を出動《しゅつどう》させるべきかどうか、大《おお》西《にし》さんは迷《まよ》っていたけれど、時計《とけい》の針《はり》が午前《ごぜん》6時《じ》をさしたところで、佐野《さの》さんらレスキュー隊員《たいいん》たちに「出動《しゅつどう》の心構《こころがま》えをしておくように」と連絡《れんらく》を入《い》れたのだった。

時間《じかん》が経《た》つにつれ、災害《さいがい》が大規模《だいきぼ》であること、行方不明者《ゆくえふめいしゃ》もかなりいることが明《あき》らかになり、ついに大西《おおにし》さんは決断《けつだん》、隊員《たいいん》たちを召集《しょうしゅう》した。集《あつ》まった隊員《たいいん》たちは大西《おおにし》さんの指示《しじ》を受《う》け、ロープ、スコップ、チェンソーといったレスキューグッズを大型《おおがた》のワゴン車《しゃ》に積《つ》み込《こ》んで出動《しゅつどう》の準備《じゅんび》を整《ととの》えた。

〝救助犬《きゅうじょけん》チーム〟にとっては初出動《はつしゅつどう》となる。〝初心者《しょしんしゃ》マーク〟をつけた2匹《ひき》と二人《ふたり》だ。佐野《さの》さんと藤崎《ふじさき》さんは、体《からだ》がコチコチになっていた。

藤崎《ふじさき》さんがワゴン車《しゃ》のトランクを開《あ》けると、そんな二人《ふたり》の緊張《きんちょう》をよそに、災害救助犬《さいがいきゅうじょけん》のベストを着《き》たハルクは軽《かろ》やかにジャンプして、車《くるま》に設置《せっち》してあるケージに収《おさ》まった。

ハルクには期待《きたい》がかかっていた。日々《ひび》の訓練《くんれん》でも優秀《ゆうしゅう》さを見《み》せつけていたし、その5か月前《げつまえ》、2014年《ねん》3月《がつ》には、藤崎《ふじさき》さんとともに「第《だい》25回《かい》OPDES《オプデス》国際救助犬試験《こくさいきゅうじょけんしけん》がれき捜索部門《そうさくぶもん》A《エー》段階《だんかい》」という検定試験《けんていしけん》を受《う》け、6匹中《ぴきちゅう》1位《い》という好成績《こうせいせき》で見事合格《みごとごうかく》していた。そりゃあ、みんなも期待《きたい》するわけだ。

一方《いっぽう》、夢《ゆめ》さんは、またもや今回《こんかい》も〝おまけ〟。「救助犬《きゅうじょけん》としてバリバリ仕事《しごと》をしてくださいね」とは、誰《だれ》も思《おも》っていなかった。「ハルクには頑張《がんば》ってもらわないと困《こま》るけど、夢《ゆめ》は……」というのが、みんなの本音《ほんね》だったのだ。

「夢《ゆめ》、行《い》くぞ！」

みんなの思惑《おもわく》を知《し》ってか知《し》らずか、佐野《さの》さんが促《うなが》すと、夢《ゆめ》さんもまた、ひょいっとしなやかに車《くるま》に飛《と》び乗《の》った。

夢《ゆめ》さんがみんなの思《おも》いをいい意味《いみ》で裏切《うらぎ》ろうとは、このときは誰《だれ》も予想《よそう》だにしていなかった。あたしだって――。

3台《だい》の大型《おおがた》ワゴン車《しゃ》で午前《ごぜん》9時《じ》すぎに神石高原町《じんせきこうげんちょう》を出発《しゅっぱつ》した6名《めい》の隊員《たいいん》と2匹《ひき》の救助犬《きゅうじょけん》は、正午前《しょうごまえ》に広島市安佐南区《ひろしましあさみなみく》に到着《とうちゃく》した。

災害救援対策本部《さいがいきゅうえんたいさくほんぶ》のまわりには、警察《けいさつ》、消防《しょうぼう》、自衛隊《じえいたい》など大勢《おおぜい》の人《ひと》がいたけれど、災害救助犬《さいがいきゅうじょけん》はまだ1匹《ぴき》も到着《とうちゃく》していなかった。対策本部《たいさくほんぶ》の受付《うけつけ》で、犬《いぬ》を連《つ》れていることを大西《おおにし》さんが伝《つた》えると、とてもありがたがられ、救助活動《きゅうじょかつどう》の申《もう》し出《で》はすぐに受《う》け入《い》れられた。

車《くるま》から荷物《にもつ》を降《お》ろして準備《じゅんび》を整《ととの》えた大西《おおにし》さんらピースウィンズ・ジャパンの隊員《たいいん》たちは、警察《けいさつ》に案内《あんない》されて同区《どうく》の八木地区《やぎちく》に向《む》かうことになった。肌《はだ》にねっとりまとわりつくような湿《しめ》った暑《あつ》さのなか、隊員《たいいん》たちは泥《どろ》に足《あし》を取《と》られながら沢筋《さわすじ》の道《みち》を進《すす》む。もちろん、〝初心者《しょしんしゃ》マーク〟の2匹《ひき》と二人《ふたり》もあとに続《つづ》いた。

地面《じめん》は泥《どろ》だらけでまともに歩《ある》くことができない。ぬかるみがひどい場所《ばしょ》では、一歩前《いっぽまえ》に進《すす》むと、ずぶずぶと膝上《ひざうえ》まで足《あし》が泥《どろ》にのめり込《こ》んでしまうほどだった。体重《たいじゅう》が30キロもあるハルクもそうだった。その重《おも》みで体《からだ》の半分《はんぶん》が泥《どろ》に沈《しず》んでしまい、前進《ぜんしん》するのに悪戦苦闘《あくせんくとう》した。

ところが……！

夢《ゆめ》さんは軽《かろ》やかな足《あし》さばき。体重《たいじゅう》がハルクの３分《ぶん》の１ほどしかないため、泥《どろ》に沈《しず》むこともなく、前《まえ》に進《すす》めたのだ。

初《はじ》めての土地《とち》、足場《あしば》の悪《わる》さ、そして、警察《けいさつ》や消防《しょうぼう》、自衛隊《じえいたい》、地元住民《じもとじゅうみん》など大勢《おおぜい》の人《ひと》……。ビビリで人《ひと》が苦手《にがて》な夢《ゆめ》さんにとっては、決《けっ》して快適《かいてき》とは言《い》えない環境《かんきょう》だ。

ハンドラーである佐野《さの》さんは緊張《きんちょう》していたし、「自分自身《じぶんじしん》も夢之丞《ゆめのすけ》もちゃんと仕事《しごと》ができるんだろうか」という不安《ふあん》もあった。それもまた、繊細《せんさい》な夢《ゆめ》さんに少《すく》なからず影響《えいきょう》を与《あた》えるはずなのだけれど……。

夢《ゆめ》さんは、みんなが驚《おどろ》くほど悠々《ゆうゆう》としていた。

おびえたり、「嫌《いや》だな、行《い》きたくないな」ってテンションが下《さ》がると、夢《ゆめ》さんの尻尾《しっぽ》も下《さ》がる。でも、このときは、ぐるんと巻《ま》いた尻尾《しっぽ》を振《ふ》りながら、ぬかるみの中《なか》を無心《むしん》になって歩《ある》いていた。その姿《すがた》は堂々《どうどう》と見《み》えたのだ。

「こいつ、意外《いがい》とやってくれるんじゃないか？」

夢《ゆめ》さんの勇姿《ゆうし》を目《ま》の当《あ》たりにし、それまで佐野《さの》さんの心《こころ》を支配《しはい》していた不《ふ》安《あん》と緊張《きんちょう》が少《すこ》しだけやわらいだ。

「俺《おれ》も頑張《がんば》らないと！」

佐野《さの》さんは自分《じぶん》にカツを入《い》れた。

「みなさん、このあたりから捜索《そうさく》を開始《かいし》してください」

案内《あんない》してくれた警察官《けいさつかん》に言《い》われて、隊員《たいいん》たちは足《あし》を止《と》めた。

ここ八木地区《やぎちく》は、もっとも被害《ひがい》が大《おお》きい場所《ばしょ》だった。

前日《ぜんじつ》の8月《がつ》19日《にち》から雨《あめ》が降《ふ》り続《つづ》き、翌20日《よくはつか》未明《みめい》には、1時間《じかん》に100ミリを超《こ》す猛烈《もうれつ》な雨《あめ》へと変《か》わった。「バケツをひっくり返《かえ》したような雨《あめ》」どころの騒《さわ》ぎじゃない。空《そら》から落《お》ちてくる雨粒《あまつぶ》が地面《じめん》にたたきつけられて水《みず》しぶきをあげ、あたり一面《いちめん》は真《ま》っ白《しろ》になる。視界《しかい》がさえぎられ、息苦《いきぐる》しくなるような圧迫感《あっぱくかん》。恐怖《きょうふ》を感《かん》じるほどの激《はげ》しさで雨《あめ》は降《ふ》り続《つづ》いた。

この局地的《きょくちてき》な豪雨《ごうう》で、住宅地《じゅうたくち》の背後《はいご》にそびえる山《やま》が崩《くず》れて大規模《だいきぼ》な土石流《どせきりゅう》が発生《はっせい》。八木地区《やぎちく》は甚大《じんだい》な被害《ひがい》を受《う》けたのだ。

夢《ゆめ》さんたちの目《め》の前《まえ》には、大量《たいりょう》の土砂《どしゃ》や流木《りゅうぼく》に直撃《ちょくげき》されて見《み》るも無残《むざん》に変《か》わり果《は》てた住宅街《じゅうたくがい》が広《ひろ》がっていた。土砂《どしゃ》に流《なが》されて基礎部分《きそぶぶん》しか残《のこ》っていない家《いえ》もたくさんあった。

「このあたりから始《はじ》めよう！」

リーダーの大西《おおにし》さんが言《い》った。

一刻《いっこく》を争《あらそ》う現場《げんば》である。やみくもに広《ひろ》い範囲《はんい》を捜索《そうさく》していては、時間《じかん》だけが無駄《むだ》に過《す》ぎ去《さ》り、救《すく》える命《いのち》も救《すく》えなくなる可能性《かのうせい》がある。迅速《じんそく》な人命救助《じんめいきゅうじょ》を行《おこな》うためには、災害《さいがい》の状況《じょうきょう》や建物《たてもの》の壊《こわ》れ具合《ぐあい》、土砂《どしゃ》の流《なが》れた位置《いち》などを注意深《いぶか》く観察《かんさつ》し、捜索《そうさく》する場所《ばしょ》をある程度絞《ていどしぼ》り込《こ》まなくちゃいけない。もちろん、それは人間《にんげん》の役割《やくわり》だ。

土砂《どしゃ》の通《とお》り道《みち》の下流付近《かりゅうふきん》に鉄筋《てっきん》の建物《たてもの》があった。その建物《たてもの》の山側《やまがわ》のほうには、土砂《どしゃ》や流木《りゅうぼく》、がれきなどが積《つ》もっていた。

土砂《どしゃ》で流《なが》された家《いえ》や倒木《とうぼく》がその建物《たてもの》にぶつかって止《と》まったらしい。人《ひと》も流《なが》されているとしたら、この付近《ふきん》に埋《う》まっているはず。

そう判断《はんだん》した大西《おおにし》さんは、まず、このあたりを重点的《じゅうてんてき》に捜索《そうさく》しようと、隊《たい》員《いん》たちに指示《しじ》を出《だ》したのだ。

「捜索《そうさく》を開始《かいし》します！　誰《だれ》かいますかぁーっ！」

藤崎《ふじさき》さんの声《こえ》でハルクが、続《つづ》いて、少《すこ》し離《はな》れたところで響《ひび》いた佐野《さの》さんの声《こえ》で夢《ゆめ》さんが解《と》き放《はな》たれ、それぞれが泥《どろ》とがれきの中《なか》を歩《ある》き始《はじ》めた。

足場《あしば》が悪《わる》く、しかも、いつ二次災害《にじさいがい》が起《お》きてもおかしくない危険《きけん》な現場《げんば》だ。犬《いぬ》の安全《あんぜん》のために、10メートルほどある長《なが》いリードをつけての捜索《そうさく》だった。

捜索《そうさく》が始《はじ》まって1時間《じかん》ほど過《す》ぎたときだった。

泥《どろ》だらけになりながらも、災害現場《さいがいげんば》を軽《かろ》やかに動《うご》き回《まわ》っていた夢《ゆめ》さんの動《うご》きが突如《とつじょ》、止《と》まった。壊《こわ》れた家《いえ》のがれきの上《うえ》に立《た》ち、黙《だま》ったまま、振《ふ》り返《かえ》って佐野《さの》さんをじっと見《み》る。

「ねね、ちょっと来《き》て。ここになんか……。そんな気《き》がするんだけど」

夢《ゆめ》さんの訴《うった》えを察知《さっち》した佐野《さの》さんは、急《いそ》いで夢《ゆめ》さんのところへ走《はし》り、その足元《あしもと》に小《ちい》さなシミのようなものを発見《はっけん》した。佐野《さの》さんには、それがなにかはわからなかった。

「……血《ち》、だな」

佐野《さの》さんの知《し》らせを受《う》けてやって来《き》た大西《おおにし》さんが言《い》った。

「ここに人《ひと》が埋《う》まってるぞ、急《いそ》げ！」

大西《おおにし》さんは、海外《かいがい》の紛争地帯《ふんそうちたい》や災害現場《さいがいげんば》で救助《きゅうじょ》にあたった経験《けいけん》から、確信《かくしん》した。

「夢《ゆめ》、すごいぞ！　よく見《み》つけたな！　すごい、すごい！」

佐野《さの》さんは、夢《ゆめ》さんの頭《あたま》をくしゃくしゃになでた。


大西《おおにし》さんとほかの隊員《たいいん》とで夢《ゆめ》さんが反応《はんのう》を示《しめ》したあたりを捜索《そうさく》したところ、2本《ほん》の倒木《とうぼく》にはさまれた男性《だんせい》が発見《はっけん》された。けれど、すでに亡《な》くなっていた。

夢《ゆめ》さんとハルクは、生《い》きた人間《にんげん》のにおいを嗅《か》いで捜索《そうさく》する訓練《くんれん》を重《かさ》ねてきた。遺体《いたい》を探《さが》す訓練《くんれん》など受《う》けていなかったし、もちろん、血痕《けっこん》を発見《はっけん》する術《すべ》なども学《まな》んでいない。

じゃあ、どうして夢《ゆめ》さんが遺体《いたい》を発見《はっけん》できたのか。

あとからわかったことだけど、その人《ひと》は亡《な》くなってからさほど時間《じかん》が経《た》っていなかったらしく、まだ体《からだ》が温《あたた》かかったそうだ。

だから、夢《ゆめ》さんは、その人《ひと》のにおいを生存者《せいぞんしゃ》のにおいとして受《う》け取《と》ったんじゃないかって考《かんが》えられている。

でも、やっぱりその人《ひと》は亡《な》くなっているわけで、夢《ゆめ》さんにしてみれば、「んー、いつも訓練《くんれん》で嗅《か》いでいる人《ひと》のにおいとはちょっと違《ちが》うんだけど……。どうなんだろう⁉」ってことで、吠《ほ》えずに、黙《だま》って佐野《さの》さんのほうを振《ふ》り返《かえ》ったんだろう、って。

生《い》きている人《ひと》を一刻《いっこく》も早《はや》く助《たす》け出《だ》すのが、レスキュー隊《たい》の最大《さいだい》の使命《しめい》だ。今回《こんかい》は残念《ざんねん》ながら生存者《せいぞんしゃ》の発見《はっけん》には至《いた》らなかったけれど、遺体《いたい》をきれいな状態《じょうたい》でいち早《はや》く見《み》つけ出《だ》すことも、大事《だいじ》な任務《にんむ》にかわりはない。

夢《ゆめ》さん、立派《りっぱ》にひとつの仕事《しごと》を成《な》し遂《と》げたのは確《たし》かである。

「もう1か所《しょ》いくぞ！」

夕方《ゆうがた》、捜索《そうさく》が一段落《いちだんらく》したため、佐野《さの》さんたちレスキュー隊《たい》が帰《かえ》り支度《じたく》をしているとき、大西《おおにし》さんが言《い》った。

うだるような暑《あつ》さの中《なか》での長時間《ちょうじかん》に及《およ》ぶ捜索活動《そうさくかつどう》は、隊員《たいいん》の体力《たいりょく》を奪《うば》った。変《か》わり果《は》てた住宅街《じゅうたくがい》の様子《ようす》に衝撃《しょうげき》を受《う》け、そして、二次災害《にじさいがい》にピリピリしながらの活動《かつどう》は、精神《せいしん》も消耗《しょうもう》させた。

レスキュー隊《たい》のみんなは心身《しんしん》ともに疲《つか》れ果《は》てていたけれど、黙《だま》って大西《おおにし》さんの言葉《ことば》に従《したが》い、今度《こんど》は緑井地区《みどりいちく》に向《む》かった。

ここもまた被害《ひがい》が大《おお》きかった場所《ばしょ》だ。あたり一帯《いったい》は水浸《みずびた》しで、道《みち》と側溝《そっこう》の区別《くべつ》もつかない。八木地区《やぎちく》同様《どうよう》、ぺしゃんこに倒壊《とうかい》した家々《いえいえ》も見《み》える。

佐野《さの》さんと藤崎《ふじさき》さんは気《き》を引《ひ》き締《し》めながら、夢《ゆめ》さんとハルクのことを思《おも》った。途中《とちゅう》で休憩《きゅうけい》を入《い》れながらとはいえ、すでに捜索《そうさく》を開始《かいし》してから5時間《じかん》は経《た》っている。彼《かれ》らの体力《たいりょく》が持《も》つかどうか心配《しんぱい》したのだ。

でも、それは取《と》り越《こ》し苦労《ぐろう》だった。疲《つか》れていたのは人間《にんげん》のほうで、人間《にんげん》よりも体力《たいりょく》のある犬《いぬ》たちは、予想外《よそうがい》に元気《げんき》だった。

訓練中《くんれんちゅう》の夢《ゆめ》さんは、すぐに「もう、飽《あ》きちゃった」ってなるくせに、このときは、そんな態度《たいど》は微塵《みじん》も見《み》せず、軽快《けいかい》な足取《あしど》りで捜索《そうさく》に集中《しゅうちゅう》した。

ハルクは、ときおり、ずぶずぶと泥《どろ》に埋《う》まって立《た》ち往生《おうじょう》したものの、最終《さいしゅう》的《てき》に、女性《じょせい》一人《ひとり》の遺体《いたい》を発見《はっけん》した。

こうして、10時間《じかん》におよんだ救助活動《きゅうじょかつどう》を終《お》えた。みんなが神石高原町《じんせきこうげんちょう》にたどり着《つ》いたのは、日付《ひづけ》が変《か》わった頃《ころ》だった。

夢《ゆめ》さんもハルクも、さすがにぐったりしていた。

「お疲《つか》れさま」

大健闘《だいけんとう》した救助犬《きゅうじょけん》たちに、みんな口々《くちぐち》に声《こえ》をかけ、その労《ろう》をねぎらった。

6
世界《せかい》から〝英雄《えいゆう》〟と呼《よ》ばれて

広島《ひろしま》での活躍《かつやく》が新聞《しんぶん》などで紹介《しょうかい》され、夢《ゆめ》さんはちょっとした有名犬《ゆうめいけん》になっていた。

でも、そんなことで有頂天《うちょうてん》になるような夢《ゆめ》さんじゃない。取材《しゅざい》の人《ひと》がときどきやって来《き》て、知《し》らない人《ひと》が苦手《にがて》な夢《ゆめ》さんとしては「ユーウツだなぁ」なんて思《おも》うくらいで、それ以外《いがい》は前《まえ》と何《なに》も変《か》わらない。

夢《ゆめ》さんの平和《へいわ》な日常《にちじょう》は淡々《たんたん》と過《す》ぎていく……はずだった。

ところが、季節《きせつ》が秋《あき》から冬《ふゆ》に変《か》わろうとしている頃《ころ》、夢《ゆめ》さんにとって、ちょっと困《こま》ったことが発生《はっせい》する。

ずっと二人三脚《ににんさんきゃく》でやってきた佐野《さの》さんが、自分《じぶん》の可能性《かのうせい》を試《ため》すために新《あたら》しい道《みち》へ進《すす》むことになり、夢《ゆめ》さんの元《もと》を去《さ》ることになったのだ。

ハンドラーと救助犬《きゅうじょけん》は、強《つよ》い絆《きずな》で結《むす》ばれている。

また、そうでなければ、犬《いぬ》は安心《あんしん》して現場《げんば》で仕事《しごと》をすることができないため、ハンドラーは、日頃《ひごろ》から犬《いぬ》との間《あいだ》に信頼関係《しんらいかんけい》を築《きず》かなくちゃいけない。ハンドラーと救助犬《きゅうじょけん》がひとつ屋根《やね》の下《した》に住《す》み、寝食《しんしょく》をともにするのはそのためだ。

こんなふうにして、人《ひと》になかなか心《こころ》を開《ひら》かなかった夢《ゆめ》さんとの間《あいだ》に強《つよ》い絆《きずな》を結《むす》んできた佐野《さの》さんがいなくなる……。

夢《ゆめ》さん、どうなっちゃうの⁉

夢《ゆめ》さんは人見知《ひとみし》りが強《つよ》い。まだまだビビリな面《めん》もある。いきなりハンドラーが代《か》わったりしたら、また心《こころ》を閉《と》ざしてしまうんじゃないかって、あたしは心配《しんぱい》しながら、様子《ようす》を見守《みまも》った。

佐野《さの》さんのあとを引《ひ》き継《つ》いだのは、ドッグ・トレーナーで、レスキュー隊《たい》員《いん》でもある原田一兵《はらだいっぺい》さんだった。

佐野《さの》さんの後輩《こうはい》にあたる人《ひと》で、それまで夢《ゆめ》さんの訓練《くんれん》をするとき、佐野《さの》さんのヘルパーを務《つと》めたことが何度《なんど》もあるし、夢《ゆめ》さんと遊《あそ》ぶこともあったから、知《し》らない人《ひと》がいきなりハンドラーになる、ってことではなかった。

あたしは、ちょっと安心《あんしん》。

夢《ゆめ》さんは、今度《こんど》は、原田《はらだ》さんと、その愛犬《あいけん》、メスのラブラドール・レトリバー「ラテ」と一緒《いっしょ》に原田《はらだ》さんの家《いえ》で暮《く》らすことになった。

夢《ゆめ》さんは、原田《はらだ》さんに対《たい》して心《こころ》を完全《かんぜん》に閉《と》ざしていたとまでは言《い》わないけど、やっぱり戸惑《とまど》いはあったんじゃないかと思《おも》う。

「キミのことは前《まえ》から知《し》ってるけどさ、でも、別《べつ》にすごい仲良《なかよ》しってわけでもないし」

とばかりに、最初《さいしょ》、原田《はらだ》さんと目《め》を合《あ》わせようとしなかったし、ほめられても、一緒《いっしょ》に遊《あそ》んでもらっても、そんなにうれしそうでも、楽《たの》しそうでもなかった。

「なーんか、いまひとつ安心《あんしん》できないんだよねー」

とでも言《い》いたげに、夜寝《よるね》るときには、原田《はらだ》さんと距離《きょり》を置《お》きもした。

「えっ⁉　なんでキミが？」

訓練中《くんれんちゅう》、原田《はらだ》さんが指示《しじ》を出《だ》すと、夢《ゆめ》さんは腑《ふ》に落《お》ちない顔《かお》をすることもあったし、原田《はらだ》さんの言《い》うことをきかないときもあった。

わっ、夢《ゆめ》さん、また最初《さいしょ》の頃《ころ》のようになっちゃうの⁉

あたしはハラハラしていた。

広島《ひろしま》土砂《どしゃ》災害《さいがい》に続《つづ》いて、夢《ゆめ》さんの2度目《どめ》の出動《しゅつどう》が決定《けってい》した。前任《ぜんにん》の佐野《さの》さんと後任《こうにん》の原田《はらだ》さんの引《ひ》き継《つ》ぎが終《お》わるか終《お》わらないかというときだったけど、ハンドラーは原田《はらだ》さんが務《つと》めることになった。

えーっ、大丈夫《だいじょうぶ》かしらん？

あたしは思《おも》った。

しかも、今回出動《こんかいしゅつどう》するのはフィリピンだっていう。夢《ゆめ》さんと原田《はらだ》さんがタッグを組《く》むのは初《はつ》。しかも、双方《そうほう》ともに海外《かいがい》での仕事《しごと》は初《はじ》めて……。あたしなんか、考《かんが》えただけでも冷《ひ》や汗《あせ》が出《で》そうだった。

そのとき、フィリピンに大型台風《おおがたたいふう》が近《ちか》づき、大《おお》きな被害《ひがい》を受《う》けることが危惧《きぐ》されていた。

台風《たいふう》が過《す》ぎ去《さ》ったあとで出発《しゅっぱつ》すると、空港《くうこう》などが被災《ひさい》して現地入《げんちい》りできないこともある。地震《じしん》などと違《ちが》い、台風《たいふう》の場合《ばあい》は、ある程度進路《ていどしんろ》が予測《よそく》できる。その進路《しんろ》から被害《ひがい》が出《で》る場所《ばしょ》のおおよその見当《けんとう》もつく。

被災者《ひさいしゃ》を一刻《いっこく》も早《はや》く救助《きゅうじょ》するため、レスキュー隊《たい》は、台風《たいふう》がやって来《く》る前《まえ》に、フィリピンに入《はい》ることになったのだ。

出動《しゅつどう》に備《そな》えて待機《たいき》していたレスキュー隊《たい》は、2014年《ねん》12月5日《がついつか》、関西国際空港《かんさいこくさいくうこう》から飛《と》び立《た》つことになった。

出発日《しゅっぱつび》が決定《けってい》すると、原田《はらだ》さんは、夢《ゆめ》さんが空港《くうこう》の検疫《けんえき》を通過《つうか》するための書類《しょるい》を準備《じゅんび》し、ケージ、食料《しょくりょう》、食器《しょっき》、おやつ、薬《くすり》など、夢《ゆめ》さんが現地《げんち》で生活《せいかつ》するのに必要最低限《ひつようさいていげん》のものを整《ととの》えたりと、準備《じゅんび》に追《お》われた。

救助犬《きゅうじょけん》の渡航準備《とこうじゅんび》は、すべてハンドラーの役目《やくめ》である。

準備《じゅんび》が整《ととの》ったら、関西国際空港《かんさいこくさいくうこう》に向《む》けていざ出発《しゅっぱつ》。

空港《くうこう》では、自分《じぶん》の出国手続《しゅっこくてつづ》きとともに、検疫《けんえき》を済《す》ませるなど夢《ゆめ》さんの出国《しゅっこく》手続《てつづ》きも原田《はらだ》さんが行《おこな》う。

受付《うけつけ》カウンターで荷物《にもつ》を預《あず》けるとき、ケージに入《はい》った夢《ゆめ》さんも引《ひ》き渡《わた》さなきゃいけない。

救助隊《きゅうじょたい》と犬《いぬ》とは飛行機《ひこうき》の乗《の》る場所《ばしょ》が違《ちが》うから、ここでいったんお別《わか》れなのだ。

「心配《しんぱい》しなくても大丈夫《だいじょうぶ》だよ。またフィリピンで会《あ》おうね」

原田《はらだ》さんは、夢《ゆめ》さんに優《やさ》しく語《かた》りかけたけど、本当《ほんとう》は自分自身《じぶんじしん》に言《い》い聞《き》かせていたことを、あたしは知《し》っている。

このとき、一番不安《いちばんふあん》だったのは、実《じつ》は原田《はらだ》さんだったのだ。

現地《げんち》入《い》りして台風《たいふう》が過《す》ぎ去《さ》るのを待《ま》ってから、レスキュー隊《たい》は他《た》の団体《だんたい》と合同《ごうどう》で、ヘリ２機《き》とセスナ１機《き》に分乗《ぶんじょう》して被災状況《ひさいじょうきょう》の偵察《ていさつ》に出《で》かけた。

自分《じぶん》の緊張《きんちょう》が夢《ゆめ》さんに伝染《でんせん》してはいけないと思《おも》い、原田《はらだ》さんは平静《へいせい》を装《よそお》っていたけれど、多分《たぶん》、敏感《びんかん》な夢《ゆめ》さんにはわかっていたんじゃないだろうか。

「キミ、キミ、緊張《きんちょう》してない？」

そんな顔《かお》で、夢《ゆめ》さんは原田《はらだ》さんのほうを見《み》た。でも、原田《はらだ》さんの緊張《きんちょう》が夢《ゆめ》さんにうつることはなかったようだ。夢《ゆめ》さんは、まったく動《どう》じることなく、おとなしくヘリに乗《の》っていた。

「俺《おれ》は大丈夫《だいじょうぶ》だぜ」

顔《かお》にはそう書《か》いてあった。

被害《ひがい》が大《おお》きいとされる場所《ばしょ》を空《そら》から見《み》たところ、山間部《さんかんぶ》で斜面《しゃめん》が崩《くず》れたり、川《かわ》から水《みず》があふれて川沿《かわぞ》いの田《た》んぼや集落《しゅうらく》が水浸《みずびた》しになったりしている地域《ちいき》があった。屋根《やね》が吹《ふ》き飛《と》ばされるなど家屋《かおく》の破損《はそん》も確認《かくにん》された。けれど、隊《たい》員《いん》が地域《ちいき》の対策本部《たいさくほんぶ》で現地《げんち》の人《ひと》に事情《じじょう》を聞《き》いたところ、多《おお》くの人《ひと》が事前《じぜん》に避《ひ》難《なん》していたこともあって、被害《ひがい》は最小限《さいしょうげん》にとどまったという。

最終的《さいしゅうてき》に、救助犬《きゅうじょけん》による捜索活動《そうさくかつどう》は必要《ひつよう》ないとの判断《はんだん》が下《くだ》され、夢《ゆめ》さんの出番《でばん》はなかった。原田《はらだ》さんは、ほっとひと安心《あんしん》し、同時《どうじ》に、夢《ゆめ》さんの頼《たの》もしさに目《め》を見張《みは》っていた。

寒《さむ》い日本《にほん》から暑《あつ》いフィリピンにやって来《き》たため、その気候《きこう》のギャップに夢《ゆめ》さんの体《からだ》を心配《しんぱい》していたけれど、夢《ゆめ》さんは疲《つか》れた様子《ようす》も見《み》せず、いつもどおり飄々《ひょうひょう》と過《す》ごしている。

初《はじ》めてタッグを組《く》む自分《じぶん》と一緒《いっしょ》でも戸惑《とまど》う様子《ようす》を見《み》せないし、大勢《おおぜい》の知《し》らない人《ひと》に囲《かこ》まれていても堂々《どうどう》としている。

これなら、自分《じぶん》と一緒《いっしょ》でも夢之丞《ゆめのすけ》は大丈夫《だいじょうぶ》‼

原田《はらだ》さんは確信《かくしん》したのだった。

《ネパール地震《じしん》　日本《にほん》の野良犬《のらいぬ》が、今《いま》なお、がれきの下《した》にいる人《ひと》たちの救助《きゅうじょ》にひと役《やく》――》
ゴールデンウイークのまっただ中《なか》の2015年《ねん》5月1日《がっついたち》、イギリスの新《しん》聞《ぶん》・インディペンデント紙《し》に、こんな見出《みだ》しが躍《おど》った。
あとに続《つづ》く記事《きじ》には、『1匹《ぴき》の日本《にほん》の元野良犬《もとのらいぬ》が、ネパールのがれきの下《した》に今《いま》なお埋《う》もれている人《ひと》たちの救助活動《きゅうじょかつどう》に参加《さんか》して英雄《えいゆう》となった』とあった。

あたしは嬉《うれ》しくて、誇《ほこ》らしくて、涙《なみだ》が出《で》そうになった。

だって、そこで紹介《しょうかい》されていたのは、夢《ゆめ》さんのことだったから。


記事《きじ》が出《で》る6日前《むいかまえ》、2015年《ねん》4月《がつ》25日《にち》、日本《にほん》から遠《とお》く離《はな》れたネパールで大《おお》きな地震《じしん》が発生《はっせい》した。

マグニチュード7・8、直下型《ちょっかがた》の大《おお》きな揺《ゆ》れは山国《やまぐに》を切《き》り裂《さ》き、広範囲《こうはんい》に破壊《はかい》をもたらした。山《やま》では雪崩《なだれ》や土砂災害《どしゃさいがい》が起《お》こり、住宅地《じゅうたくち》では建物《たてもの》が倒壊《とうかい》してたくさんの人《ひと》が下敷《したじ》きになった。

生《い》き埋《う》めになった人《ひと》が助《たす》かるかどうかは、時間《じかん》との闘《たたか》いだ。生死《せいし》を分《わ》ける境目《さかいめ》は72時間《じかん》だって言《い》われてる。これを過《す》ぎると、生存率《せいぞんりつ》が一気《いっき》に下《さ》がる。

だから、災害現場《さいがいげんば》には一刻《いっこく》も早《はや》く駆《か》けつけなくちゃいけない。

地震《じしん》が発生《はっせい》した翌日《よくじつ》、生《い》き埋《う》めになった人々《ひとびと》を救《すく》い出《だ》すために、夢《ゆめ》さんは、レスキュー隊《たい》の人々《ひとびと》とともに神石高原町《じんせきこうげんちょう》を出発《しゅっぱつ》し、関西国際空港《かんさいこくさいくうこう》からネパールへと旅立《たびだ》ったのだった。

その出動《しゅつどう》は、最初《さいしょ》から困難《こんなん》の連続《れんぞく》だった。

4月《がつ》26日《にち》、夜《よる》の便《びん》に乗《の》った夢《ゆめ》さんたちは、本当《ほんとう》なら27日《にち》の午前中《ごぜんちゅう》には現地《げんち》に到着《とうちゃく》できるはずだった。

ところが、実際《じっさい》に現地入《げんちい》りしたのは、28日《にち》の正午頃《しょうごごろ》。

ネパールの首都《しゅと》カトマンズの空港《くうこう》には、レスキュー隊《たい》や支援物資《しえんぶっし》を乗《の》せた世界各国《せかいかっこく》の軍用機《ぐんようき》が飛来《ひらい》していた。もともとそんなに大《おお》きくない空港《くうこう》だから、それだけで滑走路《かっそうろ》は大混雑《だいこんざつ》。軍用機《ぐんようき》の着陸《ちゃくりく》が優先《ゆうせん》されたため、夢《ゆめ》さんたちが乗《の》った民間機《みんかんき》は予定通《よていどお》りの日時《にちじ》に降《お》り立《た》つことができなかったのだ。

カトマンズ上空《じょうくう》にいたのに管制塔《かんせいとう》から降《お》りる許可《きょか》が出《で》ず、しかたがないので飛行機《ひこうき》はインドのカルカッタに一時着陸《いちじちゃくりく》。そこから、再《ふたた》びカトマンズに向《む》かうも、やっぱり滑走路《かっそうろ》は混《こ》み合《あ》っていて降《お》りられず、今度《こんど》はタイのバンコクに行《い》って待機《たいき》。やっとカトマンズに降《お》りることができたのは、地震発生《じしんはっせい》から72時間《じかん》が過《す》ぎようとしている頃《ころ》だった。

夢《ゆめ》さんたちの捜索活動《そうさくかつどう》は、現地《げんち》に着《つ》いてすぐ始《はじ》まった。

何階建《なんかいだ》てかの建物《たてもの》がぺしゃんと崩《くず》れ落《お》ち、コンクリートや鉄筋《てっきん》が剥《む》き出《だ》しになって重《かさ》なっている。レンガ造《づく》りの家々《いえいえ》は跡形《あとかた》もなく崩壊《ほうかい》し、レンガと粉々《こなごな》になった土壁《つちかべ》があたりを覆《おお》い尽《つ》くしている。

そんな惨状《さんじょう》での捜索《そうさく》は困難《こんなん》を極《きわ》めるものだった。

「この場所《ばしょ》で20人《にん》が行方不明《ゆくえふめい》になっています」

「ここに女《おんな》の子《こ》が埋《う》まっているんです」

次々《つぎつぎ》と情報《じょうほう》が寄《よ》せられ、ピースウィンズ・ジャパンのレスキュー隊《たい》は、がれきの中《なか》を歩《ある》き回《まわ》った。夢《ゆめ》さんも、一生懸命《いっしょうけんめい》に鼻《はな》をつかって埋《う》まっている人《ひと》を探《さが》そうとした。

けれど、この国特有《くにとくゆう》の建築方法《けんちくほうほう》が、捜索《そうさく》を妨《さまた》げた。

夢《ゆめ》さんたち救助犬《きゅうじょけん》は、がれきの隙間《すきま》から漏《も》れ出《で》る人《ひと》のにおいを察知《さっち》して、「ここにいるよ!」とハンドラーに吠《ほ》えて知《し》らせる。

ところが、ここネパールの建物《たてもの》はレンガ造《づく》りがほとんど。地震《じしん》の衝撃《しょうげき》で、積《つ》み重《かさ》ねられていたレンガはバラバラに崩《くず》れ、壁《かべ》や屋根《やね》に使《つか》われていた土《つち》とともに空間《くうかん》を埋《う》めていた。

日本《にほん》のような木造建築《もくぞうけんちく》が崩《くず》れてできるがれきなら、木《き》の大《おお》きなかたまりが折《お》り重《かさ》なっている状態《じょうたい》のため、隙間《すきま》ができるけど、このような場合《ばあい》は隙間《すきま》がなくて密封状態《みっぷうじょうたい》。つまり、下《した》に人《ひと》が埋《う》まっていても、においが漏《も》れ出《で》てこない……。おまけに、被災地《ひさいち》にはさまざまなにおいが入《い》り混《ま》じって漂《ただよ》っていた。人《ひと》のにおいを察知《さっち》する救助犬《きゅうじょけん》にとっては、とてもきびしい状況《じょうきょう》だった。

それでも、夢《ゆめ》さんたちは、捜索《そうさく》を求《もと》められる場所《ばしょ》にはどこへでも向《む》かい、懸命《けんめい》に努力《どりょく》した。

カトマンズから東《ひがし》へ約《やく》10キロのバクタプールという都市《とし》では、大勢《おおぜい》の地元《じもと》住民《じゅうみん》に見守《みまも》られながら、夢《ゆめ》さんはがれきの中《なか》を嗅《か》ぎまわり、手《て》がかりをつかもうと力《ちから》を尽《つ》くした。

人《ひと》に注目《ちゅうもく》されることが苦手《にがて》なはずなのに、このときは、広島《ひろしま》土砂災害《どしゃさいがい》の現場《げんば》と同様《どうよう》、人《ひと》の視線《しせん》などものともせず、実《じつ》に堂々《どうどう》と、自分《じぶん》に与《あた》えられた使命《しめい》を果《は》たしたのだった。

舗装《ほそう》されていないでこぼこ道《みち》を3時間以上《じかんいじょう》もかけて車《くるま》で走《はし》り、標高《ひょうこう》2000メートルの山岳地帯《さんがくちたい》の村《むら》にも行《い》ったし、都市部《としぶ》から遠《とお》く離《はな》れ、道路《どうろ》が寸断《すんだん》されて孤立《こりつ》している山間部《さんかんぶ》の村々《むらむら》へはヘリで向《む》かって捜索《そうさく》にあたった。

夢《ゆめ》さんは、なかなか帰《かえ》ってこなかった。

日本《にほん》でも、ネパールの悲惨《ひさん》な状態《じょうたい》は連日《れんじつ》、テレビのニュースなんかで伝《つた》えられていた。ぺしゃんこになったビル、崩《くず》れて粉々《こなごな》になった民家《みんか》、崩落《ほうらく》した巨大《きょだい》な岩石《がんせき》に押《お》しつぶされた車《くるま》、そして、その中《なか》で懸命《けんめい》に救助活動《きゅうじょかつどう》をする人《ひと》たちが映《うつ》し出《だ》される。

あたしは気《き》が気《き》じゃなかった。

余震《よしん》の心配《しんぱい》もある。もし再《ふたた》び大《おお》きな地震《じしん》が起《お》きれば、倒《たお》れかけの建物《たてもの》がついには崩壊《ほうかい》するかもしれない。捜索《そうさく》や救助《きゅうじょ》にあたる人《ひと》や犬《いぬ》がそれに巻《ま》き込《こ》まれる危険《きけん》だって。

夢《ゆめ》さん、一刻《いっこく》も早《はや》く生《い》き埋《う》めになっている人《ひと》を見《み》つけてあげて！

夢《ゆめ》さん、どうかどうか無事《ぶじ》で帰《かえ》ってきてね！

あたしは、ハラハラドキドキしながら、夢《ゆめ》さんの活躍《かつやく》と無事《ぶじ》を祈《いの》っていた。

そんなとき、イギリスの新聞《しんぶん》に夢《ゆめ》さんのことが載《の》ったのだ。

インディペンデント紙《し》といえば、イギリス国内《こくない》はもちろん、世界的《せかいてき》にも有《ゆう》名《めい》な新聞《しんぶん》（残念《ざんねん》ながら２０１６年《ねん》３月《がつ》に廃刊《はいかん》になったけど）だ。その紙面《しめん》で夢《ゆめ》さんの活躍《かつやく》が紹介《しょうかい》されるなんて！　しかも、『英雄《えいゆう》』なんて呼《よ》ばれてる。

あたしは、自分《じぶん》のことのように嬉《うれ》しかった。

記事《きじ》には、がれきの上《うえ》を歩《ある》き、生《い》き埋《う》めになった人《ひと》を捜索《そうさく》している夢《ゆめ》さんの写真《しゃしん》も添《そ》えられていた。

それをしみじみ眺《なが》めていたら、あたしの目《め》からついには涙《なみだ》がこぼれ落《お》ちた。

「夢《ゆめ》さん、よく頑張《がんば》ってるね。すごいね」って、泣《な》けてきてしまったのだ。

原田《はらだ》さんは、ネパールでの活動《かつどう》を振《ふ》り返《かえ》って、さまざまな思《おも》いにとらわれていた。

5日間《いつかかん》におよんだネパールでの捜索活動《そうさくかつどう》で、行方不明者《ゆくえふめいしゃ》を発見《はっけん》するには至《いた》らなかった。

「救助犬《きゅうじょけん》が来《き》てくれた！」

地元《じもと》の人《ひと》たちは期待《きたい》を込《こ》めて夢《ゆめ》さんたちの捜索《そうさく》を見守《みまも》っていた。その人《ひと》たちに向《む》かって、「すみません、何《なに》も反応《はんのう》がありません……」と言《い》わなくてはならないことに、心《こころ》を痛《いた》めた。救助犬《きゅうじょけん》を操《あやつ》るハンドラーとして、また、レスキュー隊《たい》の一員《いちいん》として、生存者《せいぞんしゃ》を見《み》つけられなかったことは、無念《むねん》だった。生存者《せいぞんしゃ》が無理《むり》ならせめて遺体《いたい》だけでも発見《はっけん》できれば……との思《おも》いもあったが、それも叶《かな》わず、無力感《むりょくかん》を覚《おぼ》えてもいた。

そんな原田《はらだ》さんにとっての救《すく》いは、夢《ゆめ》さんの活躍《かつやく》だった。日本《にほん》から遠《とお》く離《はな》れた知《し》らない土地《とち》でも臆《おく》することなく、凛《りん》とした態度《たいど》で精《せい》一杯頑張《いっぱいがんば》った。

レスキュー隊員《たいいん》として広島土砂災害《ひろしまどしゃさいがい》の現場《げんば》にも行《い》き、初出動《はつしゅつどう》からずっと夢《ゆめ》さんを見《み》てきた原田《はらだ》さんには、広島《ひろしま》よりフィリピン、フィリピンより今回《こんかい》のネパール――と、経験《けいけん》を積《つ》むごとに、夢《ゆめ》さんに救助犬《きゅうじょけん》としての貫禄《かんろく》が出《で》てくるのがわかった。

目《め》を見張《みは》る夢《ゆめ》さんの成長《せいちょう》。

それは、ハンドラーである原田《はらだ》さんにとって大《おお》きな喜《よろこ》びであり、励《はげ》みにもなった。

ネパール地震《じしん》から3か月余《げつあま》りあと、強《つよ》い勢力《せいりょく》の台風《たいふう》が台湾《たいわん》を通過《つうか》し、大《おお》きな破壊《はかい》をもたらした。大雨《おおあめ》で河川《かせん》が氾濫《はんらん》し、土砂崩《どしゃくず》れで道路《どうろ》が寸断《すんだん》され、土《ど》石流《せきりゅう》で集落《しゅうらく》が流《なが》された。

フィリピンのときと同様《どうよう》、備《そな》えのために事前《じぜん》に現地入《げんちい》りしていたレスキュー隊《たい》は、台風《たいふう》の爪《つめ》あと残《のこ》る山道《やまみち》を1時間《じかん》も歩《ある》いて救助《きゅうじょ》に向《む》かう。

雨《あめ》は降《ふ》り続《つづ》き、足場《あしば》は悪化《あっか》している。そんな中《なか》、夢《ゆめ》さんは、ハルクとともに、泥《どろ》だらけになりながら、ひたむきに行方不明者《ゆくえふめいしゃ》の捜索《そうさく》に当《あ》たった。

夢《ゆめ》さんは、災害救助犬《さいがいきゅうじょけん》として、着実《ちゃくじつ》に経験《けいけん》を積《つ》み重《かさ》ねている。

7

夢《ゆめ》さんの素顔《すがお》と日常《にちじょう》

災害救助犬《さいがいきゅうじょけん》の夢《ゆめ》さんは、毎日《まいにち》、〝待機《たいき》〟の状態《じょうたい》で生活《せいかつ》している。夢《ゆめ》さんの出番《でばん》がないほうがいいに決《き》まってる。でも、悲《かな》しいかな、災害《さいがい》はいつどこで起《お》きるかわからない。いざというときのために、いつでも出動《しゅつどう》できる心《こころ》がまえを持《も》って暮《く》らしていかなきゃいけないのだ。

と言《い》ったって、いつもピリピリした気持《きも》ちでいるわけじゃない。

日常《にちじょう》は、極《きわ》めてのんびり。普段《ふだん》の夢《ゆめ》さんは、おびえて体《からだ》を硬《かた》くしていた昔《むかし》がうそのように、のどかな神石高原町《じんせきこうげんちょう》で実《じつ》にのびのびと暮《く》らしている。

最初《さいしょ》はちょっと警戒《けいかい》していた原田《はらだ》さんとも、今《いま》はすっかり打《う》ち解《と》けている。一人《ひとり》と1匹《ぴき》の間《あいだ》に目《め》と目《め》を合《あ》わせて意思《いし》の疎通《そつう》をはかるアイコンタクトが増《ふ》えたし、夜《よる》、夢《ゆめ》さんは原田《はらだ》さんと一緒《いっしょ》の布団《ふとん》で寝《ね》るようにもなった。

原田《はらだ》さんの布団《ふとん》で朝《あさ》、目覚《めざ》めると、原田《はらだ》さんに連《つ》れられてラテと一緒《いっしょ》に散《さん》歩《ぽ》に出《で》かける。そして、四季《しき》折々《おりおり》の自然《しぜん》の風《かぜ》を感《かん》じながら30分《ぷん》ほど里山《さとやま》を歩《ある》いたら、7時半《じはん》には家《いえ》を出《で》て、やっぱり原田《はらだ》さんとラテとともに、訓練《くんれん》センターに、車《くるま》で〝出勤《しゅっきん》〟する。

車《くるま》での移動《いどう》は、２匹《ひき》とも車《くるま》のトランクに積《つ》んだケージに、それぞれ入《はい》る。

「夢《ゆめ》、行《い》くよ！」

原田《はらだ》さんがケージの扉《とびら》を開《あ》けて促《うなが》すと、夢《ゆめ》さんは、さっそうとジャンプしてケージにおさまる……のはずだけど、車《くるま》に乗《の》るのが待《ま》ち遠《どお》しかったのかどうか、原田《はらだ》さんがラテのケージを開《あ》けて彼女《かのじょ》を促《うなが》している最中《さいちゅう》、夢《ゆめ》さんがひょいっとジャンプしたことがあった。

夢《ゆめ》さん、まだケージの扉《とびら》が開《あ》いてないよ！

あたしは叫《さけ》んだけど、その声《こえ》が聞《き》こえるはずもない。
勢《いきお》いよくジャンプした夢《ゆめ》さんは、閉《し》まったケージの扉《とびら》にバン！　と思《おも》い切《き》り体《からだ》をぶつけて「いてっ――！」。

あらら、やっちゃった……。

あたしはクスッとなった。原田《はらだ》さんも「なにやってんの？」と笑《わら》っていた。
夢《ゆめ》さんには、おっちょこちょいな一面《いちめん》もある。そこがまた、おちゃめでかわいい。

訓練《くんれん》センターには、用事《ようじ》のある人《ひと》がいろいろとやって来《く》る。

「これが、あの夢之丞《ゆめのすけ》クンですか」

夢《ゆめ》さんの活躍《かつやく》を知《し》っている人《ひと》が、犬舎《けんしゃ》の前《まえ》で立《た》ち止《ど》まることがあるのだけれど、そんなとき、夢《ゆめ》さんは吠《ほ》える、吠《ほ》える……。今《いま》の夢《ゆめ》さんは、幼《おさな》い頃《ころ》からは考《かんが》えられないくらい、よく吠《ほ》える。

「こらっ、夢《ゆめ》！」

原田《はらだ》さんや純子《じゅんこ》さんは叱《しか》るけど、実《じつ》はちょっとうれしくもある。知《し》らない人《ひと》を見《み》て吠《ほ》えるってことは、犬《いぬ》らしくなった証拠《しょうこ》だ。

「誰《だれ》か知《し》らない人《ひと》が来《き》てるよ〜。不審者《ふしんしゃ》かもしれないよ〜」

夢《ゆめ》さんは、ワンワン吠《ほ》えて、今日《きょう》も伝《つた》える。

これなら番犬《ばんけん》としても十分《じゅうぶん》やっていける！　とあたしは思《おも》うのだ。

災害現場《さいがいげんば》では大勢《おおぜい》の人《ひと》がいても、ちっとも気《き》にせず仕事《しごと》に没頭《ぼっとう》できるのに、普段《ふだん》の夢《ゆめ》さんは、やっぱり人《ひと》が苦手《にがて》なままだ。

災害現場《さいがいげんば》にはたくさんの人《ひと》がいるけれど、救助活動《きゅうじょかつどう》や片付《かたづ》けなど、みんな自分《じぶん》のやるべきことに集中《しゅうちゅう》している。夢《ゆめ》さんにかまってる余裕《よゆう》などあろうはずはない。それが、かえって夢《ゆめ》さんには好都合《こうつごう》。注目《ちゅうもく》されていないから精神《せいしん》的《てき》にラクで、のびのびと仕事《しごと》ができるんじゃないだろうか。

でも、普段《ふだん》は違《ちが》う。

知《し》らない人《ひと》を前《まえ》にすると、一緒《いっしょ》にいる原田《はらだ》さんの後《うし》ろに隠《かく》れるようにして、ちらっ、ちらっと、その人《ひと》を見《み》る。

「夢《ゆめ》ちゃん、おいで」

しゃがんで手《て》を出《だ》されると、夢《ゆめ》さんは、警戒《けいかい》しつつも、てけ、てけと近《ちか》づいていく。

「ほんとは苦手《にがて》だし、あんまり近《ちか》づきたくないんだけど。でも、おやつもらえるかも〜」

こう期待《きたい》して近寄《ちかよ》っていった夢《ゆめ》さんは、その人《ひと》の手《て》のひらに顔《かお》を寄《よ》せるけど、そこにおやつが乗《の》っていないことがわかると、無言《むごん》のまま、踵《きびす》を返《かえ》して静《しず》かに離《はな》れていく。

そういうところ、実《じつ》に夢《ゆめ》さんらしい。

あ、でも夢《ゆめ》さん、去《さ》りぎわに、その人《ひと》の指先《ゆびさき》をペロッとなめたりなんかすることもある。

人見知《ひとみし》りの夢《ゆめ》さんにしてみれば、出血大《しゅっけつだい》サービスだ。

人《ひと》と見《み》れば尻尾《しっぽ》を振《ふ》りながら近《ちか》づいていき、「なでて、なでて」と甘《あま》えるハルクと違《ちが》い、夢《ゆめ》さんはとてもクール。人《ひと》に媚《こ》びを売《う》らないというか、売《う》れないというか。猫《ねこ》のあたしが言《い》うのもなんだけど、夢《ゆめ》さんのそういうところは、とても猫《ねこ》っぽい。

と思《おも》いきや、それも相手《あいて》によりけりだった。「大《だい》、大《だい》、大好《だいす》き！　な人《ひと》」が近《ちか》くにいると、態度《たいど》が豹変《ひょうへん》し、夢《ゆめ》さんは、〝猫《ねこ》〟から〝犬《いぬ》〟になることを、あるとき、あたしは知《し》った。

夢《ゆめ》さんたちが訓練《くんれん》するとき、よそから訓練士《くんれんし》を招《まね》くことがある。その中《なか》に、小柄《こがら》でとても明《あか》るい女《おんな》の人《ひと》がいるのだけれど、その人《ひと》がやって来《き》たときの夢《ゆめ》さんの反応《はんのう》といったら……！

会《あ》った瞬間《しゅんかん》、尻尾《しっぽ》を扇風機《せんぷうき》のようにぶるんぶるん振《ふ》り回《まわ》してテンションはマックス状態《じょうたい》、その日《ひ》の訓練《くんれん》も絶好調《ぜっこうちょう》。

いつもなら怖《こわ》くて入《はい》っていけないような場所《ばしょ》にもスイスイ入《はい》っていったり、

勇敢《ゆうかん》な声《こえ》でワンワン吠《ほ》えたり、集中力《しゅうちゅうりょく》を保《たも》ってかくれんぼを続《つづ》けたり。

「おまえ、浮気《うわき》だよ、浮気《うわき》」

当時《とうじ》、夢《ゆめ》さんのハンドラーだった佐野《さの》さんは苦笑《にがわら》い。

「やばいっ！　ハンドラー交代《こうたい》か⁉」

なかば本気《ほんき》で心配《しんぱい》していたほどだった。


大好《だいす》きな人《ひと》がそばにいたりして「気分《きぶん》はご機嫌《きげん》！」なとき、夢《ゆめ》さんは笑顔《えがお》になる。

「あいつ、ときどきニカッと笑《わら》うんですよ」

原田《はらだ》さんが誰《だれ》かと話《はな》しているのを聞《き》いたことがある。

確《たし》かに、開《ひら》いた口《くち》の両端《りょうはじ》をキュッと上《あ》げて、ピンク色《いろ》の舌《した》を出《だ》した、そのビッグスマイルは、「ニカッ」という表現《ひょうげん》がぴったりだ。

原田《はらだ》さんは、その「ニカッ」がたまらなくかわいいと言《い》うけれど、異議《いぎ》なし、あたしも同感《どうかん》だ。

「夢《ゆめ》、おまえ、前《まえ》は笑《わら》ったことなんかなかったよなぁ」

前《まえ》のハンドラーの佐野《さの》さんもよく言《い》っていたけれど、神石高原町《じんせきこうげんちょう》にやって来《き》てから当分《とうぶん》の間《あいだ》、その顔《かお》には、うれしいとか楽《たの》しいとかはもちろん、怒《いか》りや悲《かな》しみなんかの感情《かんじょう》も見《み》られなかった。

夢《ゆめ》さんは、能面《のうめん》のように表情《ひょうじょう》をなくして、ただその目《め》だけで恐怖《きょうふ》と不安《ふあん》をあらわしていた。

その夢《ゆめ》さんが、今《いま》はときおりニカッと笑《わら》う。

夢《ゆめ》さんの笑顔《えがお》を見《み》ると、こっちまでルンルンしてくるから不思議《ふしぎ》。夢《ゆめ》さんの笑顔《えがお》はみんなを幸《しあわ》せにしてくれる。

夢《ゆめ》さんのテンションをマックスまで上《あ》げるものが、もうひとつある。それは、ボーダー・コリーのメス犬《いぬ》「ラーニャ」の存在《そんざい》だ。

大西《おおにし》さん夫妻《ふさい》の愛犬《あいけん》であるラーニャは、訓練《くんれん》センターにしょっちゅうやって来《く》るのだけれど、その姿《すがた》を確認《かくにん》すると夢《ゆめ》さんの態度《たいど》がガラリと変《か》わる。

ピン！　と立《た》てた尻尾《しっぽ》をぶんぶん振《ふ》り、原田《はらだ》さんが握《にぎ》ったリードをぐいぐい引《ひ》っ張《ぱ》って、なにがなんでもラーニャの近《ちか》くに行《い》こうとする。もちろん、顔《かお》にはビッグスマイルを浮《う》かべている。

「しょうがないな……」

原田《はらだ》さんは夢《ゆめ》さんのあとにしぶしぶ続《つづ》く。

念願叶《ねんがんかな》ってラーニャのそばに行《い》けた夢《ゆめ》さんは、ラーニャにまとわりついて彼女《かのじょ》のにおいをクンクン嗅《か》ぐ。

「おまえ、ラテといるときとぜんぜん違《ちが》うよなぁ～」

原田《はらだ》さんが冷《ひ》やかす。

ひとつ屋根《やね》の下《した》で暮《く》らすラテは、夢《ゆめ》さんにとって妹《いもうと》みたいな存在《そんざい》だ。ときにはじゃれ合《あ》うこともあるけれど、「うるさいなぁ、もっと静《しず》かにすれば？」ってな感《かん》じで、おてんばな妹《いもうと》がはしゃぎ回《まわ》るのを、夢《ゆめ》さんは冷《さ》めた目《め》で遠巻《とおま》きに見《み》ていることが多《おお》い。

ところが、ラーニャの前《まえ》では、この態度《たいど》。目一杯《めいっぱい》「好《す》きです！」光線《こうせん》を出《だ》し続《つづ》ける。だけど、相手《あいて》の反応《はんのう》は「ツン！」。夢《ゆめ》さんにかまうことなく、そっぽを向《む》いて去《さ》ってしまう……。

「え、もう行《い》っちゃうの？」

寂《さび》しそうな顔《かお》で立《た》ち尽《つ》くす夢《ゆめ》さん。熱《あつ》い思《おも》いは届《とど》かない。

夢《ゆめ》さんは、目下《もっか》、片思《かたおも》い中《ちゅう》なのである。

「アタックあるのみ！　頑張《がんば》れ！」って、あたしは夢《ゆめ》さんにエールを送《おく》りたい。でも、送《おく》りたいけど送《おく》れない。だって、ラーニャはすでにダンナさんがいる身《み》……。

それを知《し》ってか知《し》らずか、夢《ゆめ》さんは、ずっとラーニャにメロメロだ。

出動《しゅつどう》しないときの夢《ゆめ》さんは、基本《きほん》、家《いえ》と訓練《くんれん》センターを往復《おうふく》する毎日《まいにち》を送《おく》っているけれど、ときどきは車《くるま》に乗《の》って出《で》かけていく。

がれきのトレーニング場《じょう》など、訓練《くんれん》センターの外《そと》で訓練《くんれん》が行《おこな》われるときはもちろん、それ以外《いがい》でも、たまに外出《がいしゅつ》することがあるのだ。

2015年《ねん》8月《がつ》には、広島市安佐南区《ひろしましあさみなみく》の八木地区《やぎちく》を訪《おとず》れた。夢《ゆめ》さんが初出《はつしゅつ》動《どう》で活躍《かつやく》した、あの現場《げんば》だ。

目的《もくてき》は、夢《ゆめ》さんが発見《はっけん》した男性《だんせい》の遺族《いぞく》の方《かた》に会《あ》うことだった。土砂災害《どしゃさいがい》の惨事《さんじ》から丸一年《まるいちねん》を迎《むか》えるのを前《まえ》に、遺族《いぞく》の方《かた》から、「ぜひお会《あ》いしたい」という申《もう》し入《い》れがあったのだ。

その方《かた》は、亡《な》くなった男性《だんせい》の息子《むすこ》さんだった。

「ありがとうね」

一緒《いっしょ》に行《い》った大西《おおにし》さんがあのときの状況《じょうきょう》を夢《ゆめ》さんに代《か》わって説明《せつめい》すると、涙《なみだ》を流《なが》しながらそう言《い》って、夢《ゆめ》さんの頭《あたま》をなでてくれた。

その方《かた》とは初対面《しょたいめん》だったけど、夢《ゆめ》さんは嫌《いや》がることもなく、おとなしくなでられながら、その方《かた》をじっと見《み》つめていた。

その光景《こうけい》に、あたしは胸《むね》がじーんとなった。

夢《ゆめ》さんは、イベントに出席《しゅっせき》することもある。動物愛護週間《どうぶつあいごしゅうかん》に合《あ》わせて開催《かいさい》されるフェスティバルなどに、ハルクと一緒《いっしょ》に、ゲスト、というか、宣伝《せんでん》マン（?）として参加《さんか》したりするのだ。

広島土砂災害《ひろしまどしゃさいがい》での活躍以来《かつやくいらい》、テレビや

新聞《しんぶん》などのメディアでちょくちょく紹介《しょうかい》されるようになった夢《ゆめ》さんは、一部《いちぶ》の人《ひと》にとってはアイドル的存在《てきそんざい》。夢《ゆめ》さんに会《あ》いたくてイベントにわざわざ足《あし》を運《はこ》ぶ人《ひと》もいる。

「キャーッ‼　夢《ゆめ》ちゃーん‼」

黄色《きいろ》い声援《せいえん》をあげながら、熱狂的《ねっきょうてき》なファンの女性《じょせい》たちが夢《ゆめ》さんを取《と》り囲《かこ》む。

そんなとき夢《ゆめ》さんは、困《こま》った顔《かお》で尻尾《しっぽ》を下《さ》げる。

実《じつ》は夢《ゆめ》さん、苦手《にがて》なものはいくつかあるけど、女性《じょせい》の黄色《きいろ》い声援《せいえん》もそのひとつなのだ。そもそも、人《ひと》から注目《ちゅうもく》されるのが好《す》きじゃないし、大《おお》きな音《おと》も苦手《にがて》。その夢《ゆめ》さんが、女《おんな》の人《ひと》から熱《あつ》い視線《しせん》を浴《あ》び、キャーキャー騒《さわ》がれることが得意《とくい》なはずがない。

でも、黄色《きいろ》い声援《せいえん》を浴《あ》びているときの戸惑《とまど》った表情《ひょうじょう》は、とてもかわいくて、あたしは結構《けっこう》好《す》きだ。

「顔《かお》つきが昔《むかし》とぜんぜん違《ちが》う。いい顔《かお》してるねぇ」

夢《ゆめ》さんがテレビで紹介《しょうかい》されたとき、動物愛護《どうぶつあいご》センターの職員《しょくいん》さんが、画面《がめん》に映《うつ》る夢《ゆめ》さんを見《み》て、しみじみつぶやくのをあたしは聞《き》いた。

この職員《しょくいん》さんは、夢《ゆめ》さんが愛護《あいご》センターにいたとき、ご飯《はん》をあげたりしていた人《ひと》で、獣医《じゅうい》さんでもある。夢《ゆめ》さんが人《ひと》に懐《なつ》かず、殺処分《さつしょぶん》の対象《たいしょう》になったことに心《こころ》を痛《いた》めていたから、救《すく》われて災害救助犬《さいがいきゅうじょけん》になったことを、とてもうれしく思《おも》っている。

その人《ひと》は、テレビにじっと見入《みい》っていた。

元気《げんき》に走《はし》り回《まわ》っているところ、原田《はらだ》さんと並《なら》んで澄《す》まし顔《がお》をしているところ、災害現場《さいがいげんば》で捜索中《そうさくちゅう》のところ……。

映《うつ》し出《だ》される夢《ゆめ》さんの写真《しゃしん》。表情《ひょうじょう》はそれぞれ違《ちが》っていたけれど、どの写真《しゃしん》からも、今《いま》の夢《ゆめ》さんがのびのびと生《い》きていることが十分《じゅうぶん》に伝《つた》わってくる。その人《ひと》は、動物愛護《どうぶつあいご》センターに収容《しゅうよう》されているときの夢《ゆめ》さんとのあまりの違《ちが》いに驚《おどろ》き、「いい顔《かお》してるねぇ」と、思《おも》わずつぶやいたのだった。

画面《がめん》が変《か》わり、今度《こんど》は、写真《しゃしん》ではなく、本物《ほんもの》の夢《ゆめ》さんが映《うつ》し出《だ》される。

テレビに映《うつ》った夢《ゆめ》さんは、大勢《おおぜい》の人《ひと》に囲《かこ》まれ、下《さ》げた尻尾《しっぽ》を後《うし》ろ足《あし》の間《あいだ》に入《い》れて、ちょっと困《こま》った顔《かお》をしていた。

「相変《あいか》わらずビビリなところは変《か》わってないんだなぁ」

こう言《い》って、職員《しょくいん》さんはほほえんだ。

その人《ひと》はしっかり見抜《みぬ》いていた。

そうなのだ。夢《ゆめ》さんは、今《いま》でも少《すこ》しビビリ君《くん》なのである。

ビビリで、おっちょこちょいで、おちゃめで、人見知《ひとみし》りで、ときどきニカッと笑《わら》って……。普段《ふだん》は、実《じつ》に人間《にんげん》くさい、いや、〝犬《いぬ》くさい〟、愛《あい》すべきキャラクターの夢《ゆめ》さん。いつもは、夢《ゆめ》さんキャラ全開《ぜんかい》で、のんびり暮《く》らしているけれど、いざ出動《しゅつどう》となると、その表情《ひょうじょう》はキリリと引《ひ》き締《し》まる。

夢《ゆめ》さんは、自分《じぶん》しか知《し》らない〝やる気《き》スイッチ〟を持《も》っているんじゃないだろうか。「夢《ゆめ》、出動《しゅつどう》だ」の原田《はらだ》さんの声《こえ》を合図《あいず》に、そのスイッチをカチッと入《い》れて、気持《きも》ちを仕事《しごと》モードに切《き》り替《か》えるんじゃないかと思《おも》う。

仕事中《しごとちゅう》の夢《ゆめ》さんは、欠点《けってん》と思《おも》われたことを、自分《じぶん》の強《つよ》みに変《か》えてもいる。基本《きほん》、ビビリだけれど、だからこそ夢《ゆめ》さんは繊細《せんさい》だ。その性質《せいしつ》が捜索《そうさく》にも生《い》きているんじゃないか、と周囲《しゅうい》の人《ひと》たちは考《かんが》えているのだ。

体《からだ》が大《おお》きくて体力《たいりょく》もあり、性格《せいかく》も大《おお》らかなハルクは、広範囲《こうはんい》をダーッと駆《か》け回《まわ》って勢《いきお》いのある捜索《そうさく》ができる。でも、大雑把《おおざっぱ》なところもあるため、ともすると、弱《よわ》いにおいをスルーしちゃう可能性《かのうせい》もあるという。

かたや繊細《せんさい》で、体《からだ》も小《ちい》さい夢《ゆめ》さんには、ハルクのような勢《いきお》いはない。けれど、その捜索《そうさく》は慎重《しんちょう》で、丁寧《ていねい》ににおいを探《さが》していく。「ん？　これもそうかもしれない」、「あ、これもそう？」って、かすかなにおいでも、立《た》ち止《ど》まることができるのだ。

「現場《げんば》での夢之丞《ゆめのすけ》が一番《いちばん》生《い》き生《い》きしている」

原田《はらだ》さんが言《い》うように、自分《じぶん》の性格《せいかく》を生《い》かして捜索活動《そうさくかつどう》に取《と》り組《く》む夢《ゆめ》さんの姿《すがた》は、凛々《りり》しく、堂々《どうどう》として、輝《かがや》いている。

人見知《ひとみし》りしたりして、ちょっと頼《たよ》りないところもあるけれど、やるときゃやる。そんな夢《ゆめ》さんは、本当《ほんとう》にカッコイイ！　のだ。

エピローグ

2015年《ねん》12月7日《がつなのか》、夢《ゆめ》さんは東京《とうきょう》・渋谷区《しぶやく》の代官山《だいかんやま》というところにいた。クリスマスをひかえ、街《まち》はきらびやかなネオンに彩《いろど》られている。こんな光景《こうけい》を目《め》にしたのは初《はじ》めてだった。神石高原町《じんせきこうげんちょう》からはるばるやって来《き》た夢《ゆめ》さんは、ちょっとだけ頭《あたま》がクラクラした。

上京《じょうきょう》したのは、授賞式《じゅしょうしき》に出席《しゅっせき》するためだった。

なんと夢《ゆめ》さん、『ファウストA《エー》.G《ジー》.アワード　2015』の『ファウスト社会貢献活動賞《しゃかいこうけんかつどうしょう》』という栄誉《えいよ》ある賞《しょう》を受賞《じゅしょう》したのだ。

今回《こんかい》で7回目《かいめ》になる、この賞《しょう》は、人類《じんるい》に夢《ゆめ》と希望《きぼう》とロマンを与《あた》える〝ファ

ウストな人物《じんぶつ》（冒険者《ぼうけんしゃ》）〟や団体《だんたい》を独自《どくじ》の観点《かんてん》で讃《たた》えるもの。夢《ゆめ》さんが受賞《じゅしょう》した『社会貢献活動賞《しゃかいこうけんかつどうしょう》』は、環境《かんきょう》、子供《こども》、病気《びょうき》、貧困《ひんこん》……など形《かたち》にとらわれず、人類《じんるい》への愛《あい》に満《み》ちた活動《かつどう》に、最高《さいこう》の敬意《けいい》をあらわして贈《おく》られる。

一度《いちど》は「生《い》きる価値《かち》なし」と烙印《らくいん》を押《お》された夢《ゆめ》さん。

臆病《おくびょう》で人《ひと》に心《こころ》を開《ひら》けなかった夢《ゆめ》さん。

救助訓練《きゅうじょくんれん》で劣等生《れっとうせい》だった夢《ゆめ》さん。

「この子《こ》が本当《ほんとう》に災害救助犬《さいがいきゅうじょけん》になれるの？」と思《おも》われた夢《ゆめ》さん。

その夢《ゆめ》さんが、厳《きび》しい訓練《くんれん》をクリアし、今《いま》、災害救助犬《さいがいきゅうじょけん》として、日本国内《にほんこくない》はもちろん、ネパールや台湾《たいわん》など海外《かいがい》へも出《で》かけていって救助活動《きゅうじょかつどう》にあたっている。そんな勇敢《ゆうかん》な生《い》きざまが、今回《こんかい》の受賞《じゅしょう》の大《おお》きな理由《りゆう》となったのだ。

日本《にほん》では、飼《か》い主《ぬし》などの飼育放棄《しいくほうき》なんかによって殺処分《さつしょぶん》になる犬《いぬ》や猫《ねこ》は、年間《ねんかん》で10万《まん》1338匹《びき》（2014年度《ねんど》）にものぼっている。

そのうちの1匹《ぴき》になる運命《うんめい》だった雑種《ざっしゅ》の夢《ゆめ》さんが、命《いのち》を救《すく》われ、災害救助犬《さいがいきゅうじょけん》となって活躍《かつやく》している。救助犬《きゅうじょけん》などさまざまな分野《ぶんや》で活躍《かつやく》する作業犬《さぎょうけん》は、特定《とくてい》の犬種《けんしゅ》や血筋《ちすじ》によるところが大《おお》きいとされる中《なか》で、である。

そんな夢《ゆめ》さんの存在《そんざい》は、「捨《す》て犬《いぬ》だって血統書付《けっとうしょつ》きの犬《いぬ》だって、みーんな同《おな》じ。価値《かち》のある命《いのち》なんだよ」、「みーんな可能性《かのうせい》を秘《ひ》めてるんだよ」ってことを証明《しょうめい》した。

夢《ゆめ》さんのような犬《いぬ》がいることを知《し》って、たくさんの犬《いぬ》や猫《ねこ》が殺処分《さつしょぶん》されている現実《げんじつ》に、「このままでいいの？」って考《かんが》える人《ひと》が増《ふ》えるんじゃないだろうか。「もっと命《いのち》を大切《たいせつ》にしなきゃいけない」って多《おお》くの人《ひと》が思《おも》うようになるんじゃないだろうか。

夢《ゆめ》さんの存在《そんざい》は、犬《いぬ》にとっても、そして、あたしたち猫《ねこ》にとっても、「希望《きぼう》の星《ほし》」だ。あたしも、全猫《ぜんねこ》と全犬《ぜんいぬ》を代表《だいひょう》して、夢《ゆめ》さんに賞《しょう》をあげたいと思《おも》う。

授賞式《じゅしょうしき》は、テレビ、新聞《しんぶん》、雑誌《ざっし》など各《かく》メディアから多《おお》くの報道陣《ほうどうじん》が出席《しゅっせき》した中《なか》で執《と》り行《おこな》われた。

各界《かっかい》の勇者《ゆうしゃ》が順番《じゅんばん》に表彰《ひょうしょう》され、夢《ゆめ》さんの番《ばん》がやって来《き》た。一緒《いっしょ》に出席《しゅっせき》していた純子《じゅんこ》さんが、夢《ゆめ》さんに代《か》わってトロフィーを受《う》け取《と》った。たくさんの視《し》線《せん》が夢《ゆめ》さんに注《そそ》がれ、会場《かいじょう》はその功績《こうせき》を讃《たた》える拍手《はくしゅ》に包《つつ》まれる。

原田《はらだ》さんに抱《だ》かれた夢《ゆめ》さんは、なんだかそわそわと落《お》ち着《つ》きがないように見《み》えた。表情《ひょうじょう》も固《かた》い。災害現場《さいがいげんば》で見《み》せる勇敢《ゆうかん》な姿《すがた》とはえらい違《ちが》いだ。

あたしは思《おも》わず笑《わら》ってしまった。

人《ひと》に注目《ちゅうもく》されることが苦手《にがて》なのは、相変《あいか》わらずだ。

でも、あたしは、そんな夢《ゆめ》さんが大好《だいす》きだ。涙《なみだ》が出《で》そうになるくらい愛《いと》おしい。

あなたはあなたのままでいい。

世界《せかい》でたったひとつだけの、あなたという命《いのち》を精一杯《せいいっぱい》輝《かがや》かせて生《い》きているのだから――。


あたしは、今《いま》まで、夢《ゆめ》さんをずっと見守《みまも》ってきた。

でも、お別《わか》れのときが近《ちか》づいている。

あたしは、本当《ほんとう》は幸《しあわ》せなんかじゃなかった。

ガス室《しつ》に閉《と》じ込《こ》められて生涯《しょうがい》を終《お》えたあたしの魂《たましい》は、どこにも行《い》けず、ふわふわと宙《ちゅう》をさまよっていた。

だけど、あたしはやっと行《ゆ》き場《ば》を見《み》つけた。今度《こんど》は本当《ほんとう》に天国《てんごく》に行《い》って、仲間《なかま》たちと幸《しあわ》せに暮《く》らすのだ。いつか空《そら》の上《うえ》から昔《むかし》の夢《ゆめ》さんみたいな子《こ》を見《み》つけたら、夢《ゆめ》さんのことを話《はな》して聞《き》かせてあげようと思《おも》う、絶対《ぜったい》に。

夢《ゆめ》さん、あなたの存在《そんざい》は、みんなに夢《ゆめ》と希《き》望《ぼう》と勇気《ゆうき》を与《あた》えてくれます。

ありがとう。

そして、さようなら。

取材協力
特定非営利活動法人
ピースウィンズ・ジャパン

著 者　佐藤真澄（さとう・ますみ）

作家、ライター。主な著書に『小惑星探査機「はやぶさ」宇宙の旅』『ボニンアイランドの夏』（ともに汐文社）がある。

イラスト　出水ぽすか（でみず・ぽすか）

漫画家、イラストレーター。主な作品に『約束のネバーランド』（白井カイウ原作、ジャンプコミックス）がある。

静山社《せいざんしゃ》ノンフィクションライブラリー

いのちをつなぐ犬《いぬ》 夢之丞物語《ゆめのすけものがたり》

2016年4月5日　第1刷発行
2021年5月6日　第2刷発行

著 者　佐藤真澄

カバーデザイン　斎藤よしのぶ
編 集　荻原華林

発行者　松岡佑子
発行所　株式会社 静山社
〒102-0073　東京都千代田区九段北1-15-15
電話 03-5210-7221
印刷・製本　中央精版印刷株式会社

Published by Say-zan-sha Publications Ltd.
Printed in Japan. ISBN 978-4-86389-333-7